AF175646

Zum Buch:

Der Autor verknüpft die Psychologie des Stressphänomens mit biblischen Texten und versucht so Unterstützung und Hilfe im Verständnis alltäglicher Anforderungen bis hin zum Burnout zu leisten.

In 19 Schritten wird die Entstehung von Stress und die Auswirkung auf den Menschen aufgezeigt. Die Grafiken verhelfen - auch ohne Vorkenntnisse - zu wertvollen Einblicken. Mit den Zitaten aus der Bibel und meditativen Texten wird der Inhalt zusätzlich aufbereitet und erschlossen. Dabei geht es um zentrale Fragen, wie z.B.: Was ist es überhaupt, was mich belastet? Was ist stressig (für mich)? Was macht der Stress mit meinem Leben und was mache ich mit dem Stress?

Die Reihe „Mit Bibel überLeben" richtet sich an die breite Öffentlichkeit – unabhängig von religiöser Verortung.

Mit Bibel überLeben

STRESS

Andreas Sperling-Pieler

Bibliografische Information der Deutschen Nationalbibliothek: Die Deutsche Nationalbibliothek verzeichnet diese Publikation in der Deutschen Nationalbibliografie; detaillierte bibliografische Daten sind im Internet über dnb.dnb.de abrufbar.

© 2021 Andreas Sperling-Pieler
Herstellung und Verlag: BoD – Book on Demand Norderstedt

ISBN: 9783752641103

Einführung und Vorwort

Tatsächlich wollte ich zu den zahllosen Ratgebern zum Thema Stress nicht noch einen weiteren hinzufügen. Ich befürchte, letztlich tue ich genau das. Meine ursprüngliche Absicht war, einen neuen und anderen Blick auf das Stressgeschehen zu ermöglichen. Ob es mir gelungen ist, müssen andere beurteilen.

Im Folgenden wird das Stressgeschehen von der einfachen Belastung bis zum Burnout erläutert. Dies geschieht in 19 verschiedenen Phasen, jeweils durch Grafiken (bzw. Definitionen) und entsprechende Texte unterstützt. Mit zusätzlichen Bibelauszügen wird bewusst ein eher ungewohnter Zugang angeboten und mit Texten zur Reflexion ergänzt.

Der wissenschaftliche Teil basiert sowohl auf dem Interview „Strategien gegen den Stress"[1] mit Prof. Dr. Gert Kaluza - Stressforscher, Diplom-Psychologe und Psychologischer Psychotherapeut und „Gelassen und sicher im Stress"[2] als auch auf persönlichen Ergänzungen.

Für den biblischen Teil benötigen Sie lediglich die Offenheit, die jedem literarischen Text entgegengebracht wird.

---

[1] in Geo - Gesundheit, Nr. 10, S.120 - 126
[2] Gert Kaluza, 7. Auflage (2018), Springer: Berlin, Heidelberg

Zum Umgang mit dem Buch

Sicherlich gibt es viele Möglichkeiten, mit der Thematik umzugehen, und Sie werden Ihre eigenen Wege finden, das Buch zu lesen. Erlauben Sie mir trotzdem, dass ich noch eine weitere Alternative hinzufüge:

- Betrachten Sie die Grafik oder die Definition in aller Ruhe.
- Vielleicht wollen Sie die Kommentare lesen oder Sie verzichten darauf.
- Lassen Sie das Gelesene auf sich wirken. Vielleicht verbinden Sie es mit erlebten oder möglichen Situationen, bzw. mit der eigenen alltäglichen Wahrnehmung.
- Wenn Sie wollen, lesen Sie jetzt den Bibeltext. Lassen Sie sich von dem Text ansprechen und ihn zu Wort kommen. Grafik und Kommentar dürfen dabei in den Hintergrund treten.
  Nehmen Sie Ihre Reaktionen, Gedanken, Wahrnehmungen und auch Widerstände einfach nur zur Kenntnis.
- Erst dann (und erst, wenn Sie dazu bereit sind) lesen Sie den Text, den ich Ihnen anbiete.

Das komplette Buch ist nach einem einheitlichen Schema aufgebaut: Nach der Grafik (oder Definition) kommt ein Kommentar, anschließend ein Bibeltext und ein meditatives Angebot. Neue Elemente oder Veränderungen in den Grafiken sind jeweils hervorgehoben (gestrichelt bzw. kursive „*KAPITÄLCHEN*").

Sowohl bei der Auswahl der Bibeltexte als auch bei den meditativen Texten spielte natürlich die thematische Nähe eine Rolle: Teilweise verweisen sie auf eine Problematik, in anderen Fällen zeigen sie mögliche Handlungswege auf. Allerdings habe ich mich z.T. auch von der Intuition leiten lassen und komme dabei zu durchaus verblüffenden Ergebnissen: Der Text führt die Gedanken z.T. auf Bereiche, die zwar nicht unmittelbar im Blickfeld sind, aber trotzdem (auch thematisch) durchaus weiterführen.

Andreas Sperling-Pieler

1. Stresserleben

Stressoren (äußere Faktoren)

🙁 Anforderungen (Chef, Kollegen)

🙁 Störungen, Lärm

Stressreaktionen

🙁 Nervosität

🙁 Reizbarkeit

🙁 Schlafstörungen

🙁 Herzbeschwerden

🙁 Kopfschmerzen

Anforderungen an den Menschen sind zuerst einmal gut: Sie geben Struktur im Leben und, wenn sie bewältigt werden, auch Bestätigung.

Störungen sind Realität; es läuft nicht immer alles ideal. Hier wäre auch zu fragen: Was macht etwas zur Störung? Ist es das, was auf den Menschen einwirkt oder ist es vielmehr die eigene Wahrnehmung, die z.B. das Geräusch oder die Temperatur (jetzt gerade) zur Störung macht?

Dass der Körper reagiert, ist ein Überbleibsel aus frühester Vergangenheit: der Mensch (wie die meisten Lebewesen) wird zu Flucht oder Angriff motiviert.
Darüber hinaus ist diese Reaktion aber auch ein Signal, die das Stressniveau anzeigt: Es raubt uns den Schlaf, schlägt auf den Magen, macht Bauchweh oder eben die berühmten Schmetterlinge im Bauch.

An uns gestellte Anforderungen oder Druck machen sich in der Regel zuallererst im Körper bemerkbar. Hier kann es kritisch werden, wenn körperliche Signale durch Medikamente oder auf andere Weise unterdrückt werden.

Gen 1

28 *Seid fruchtbar und mehrt euch, füllt die Erde und unterwerft sie und waltet über die Fische des Meeres, über die Vögel des Himmels und über alle Tiere, die auf der Erde kriechen!* **31** *Gott sah alles an, was er gemacht hatte: Und siehe, es war sehr gut.* [3]

---

[3] Wenn nichts anderes angegeben ist stammen die Bibelzitate aus der Einheitsübersetzung (2016 revidiert)

Wir bekommen einen Auftrag!
Vielleicht fragen wir uns, wie er aussieht – oder wir versuchen, genau das herauszufinden …

Der Mensch wird vor Aufgaben gestellt. Wir spüren das immer wieder – bei uns und bei anderen: Gestaltet die Welt, „unterwerft" sie euch! Diese Aufgaben lassen uns nicht kalt, wir reagieren ganz unterschiedlich darauf – und auch das ist gut …
Würden wir nicht reagieren oder alle auf dieselbe Weise, gäb's auch keine Veränderung und alles bliebe beim Alten … oder wir wären jeder Entwicklung einfach ausgeliefert.

Unterwerfung bedeutet nicht kaputt machen, sondern hat vielmehr mit Verantwortung zu tun, genauso wie ein Herrscher zu biblischen Zeiten Verantwortung für sein Volk hatte.

Wir spüren die Anforderungen an uns und gehen damit um. Manchmal kann das auch schwer sein oder einfach nur lästig. Aber es ist nichts Schlechtes, dass Aufgaben an uns gestellt werden. Es ist die Realität, die Veränderung und Entwicklung ermöglicht.

2. Innere Werte

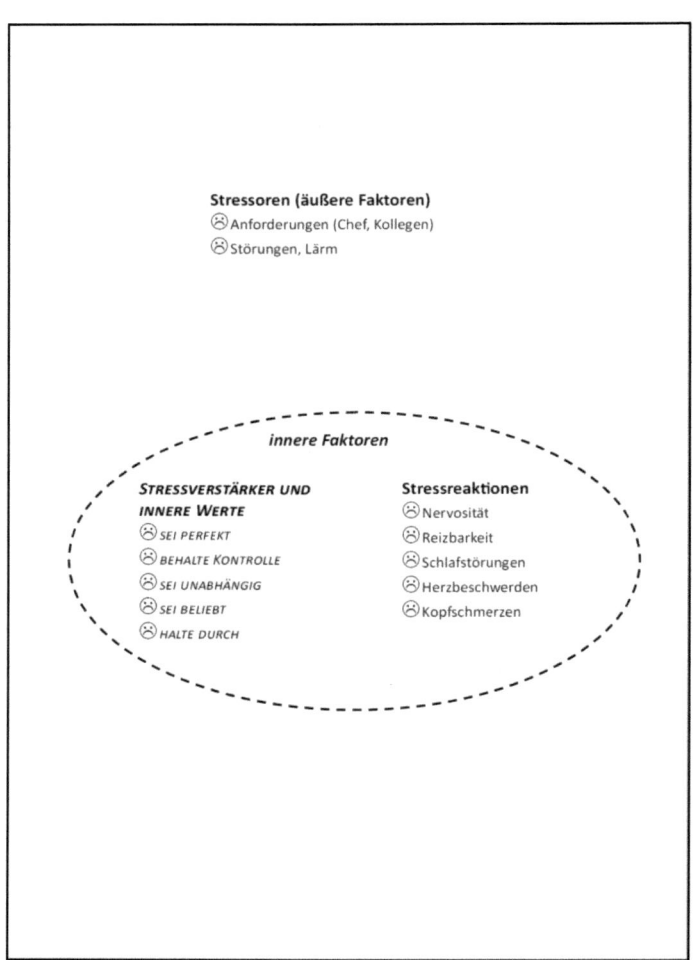

Stressoren (äußere Faktoren)
☹ Anforderungen (Chef, Kollegen)
☹ Störungen, Lärm

innere Faktoren

STRESSVERSTÄRKER UND
INNERE WERTE
☹ *SEI PERFEKT*
☹ *BEHALTE KONTROLLE*
☹ *SEI UNABHÄNGIG*
☹ *SEI BELIEBT*
☹ *HALTE DURCH*

Stressreaktionen
☹ Nervosität
☹ Reizbarkeit
☹ Schlafstörungen
☹ Herzbeschwerden
☹ Kopfschmerzen

16

Weitere Anforderungen kommen hinzu: innere Werte und Ansprüche, die ich an mich selbst stelle.

Kaluza sagt dazu: „Das Ziel von Stressmanagement besteht nicht in einem möglichst anforderungsarmen Leben. [...] Erfolgreiches Stressmanagement strebt vielmehr einen gesunden Umgang mit von außen gesetzten und mit selbst gestellten Anforderungen an."[4]

Es kann sein, dass ich etwas erreichen möchte, mir etwas besonders wichtig ist (oder ich mir etwas beweisen will), auch ein unbedingtes (selbst gestelltes) Ziel, ein unbedingtes Muss oder traditionelle Grundsätze können zur Triebkraft werden.

---

[4] Kaluza (2018) S.92

Vorgeschichte: Johannes legt Zeugnis über Jesus ab (Vers 15-18) und wird anschließend von Pharisäern und Leviten eingehend befragt und verhört. Dies geschieht am Jordan, wo er dabei war zu taufen (Vers 19-28).

Joh 1

35 Tags darauf stand Johannes abermals da und zwei von seinen Jüngern [des Johannes – A.Sp-P]. 36 Und auf Jesus hinblickend, der des Weges kam, sagte er: Siehe, das Lamm Gottes! 37 Und es hörten die beiden Jünger ihn reden, und sie folgten Jesus. 38 Als aber Jesus sich wandte und sie folgen sah, sagte er zu ihnen: Was sucht ihr? Sie sprachen zu ihm: Rabbi [...] wo ist deine Bleibe? Sagt er zu ihnen: Kommt, so seht ihr. Sie gingen also und sahen, wo seine Bleibe war. Und sie blieben jeden Tag bei ihm. [5]

---

[5] Das Neue Testament (1989). Übersetzt von Fridolin Stier: Kösel – München, Patmos – Düsseldorf.

„Wo ist deine Bleibe", fragen die Jünger.

Vielleicht ist auch gemeint:
Wo bleiben wir? … Wo bleibe ich? … Wo kann ich bleiben?
… Wo kann ich sein? … Was ist es, was wichtig für mich
ist?

Die Jünger orientieren sich neu und halten das Unge-
wohnte aus. Sie ertragen, was sie hören und spüren – und
vielleicht genießen sie es auch. Sie lassen zu, dass sich etwas in ihnen regt – etwas, das von Johannes verschieden
ist und sich wohl auch von allem Gewohnten unterscheidet … vielleicht, weil es ihres ist, weil es Bestand hat - und
sie lassen es zu. Und genau dort bleiben sie an diesem Tag
und auch den folgenden …

Wo können wir aber bleiben, wo können wir wirklich
sein?
Was suchen wir (oder was würden wir finden) – wenn wir
einmal die Konflikte, Konfrontationen und Anforderungen, denen wir ausgesetzt sind, außer Acht lassen würden.
Was passiert, wenn wir wirklich einmal aushalten in unserer Bleibe – einfach nur so sind wie wir sind und auf das
hören, was uns wirklich wichtig ist – auch wenn es neu
und ungewohnt ist?
…
Was würde passieren, wenn wir fragten: Was tut mir gut?
Was ist meines? Was ist mein Ding? Was ist wichtig, damit
ich wirklich sagen kann: Das ist meine Bleibe?

Und was gehört nicht dazu, ist unwichtig oder sogar störend? Möchte ich vielleicht Prioritäten setzen bei dem, was mir wichtig ist?

…

Und wie gehe ich mit Dingen um, die mich nicht bleiben lassen, die mich wegziehen aus meiner Bleibe – mir aber trotzdem etwas bedeutet?

3. Wahrnehmung und Stress

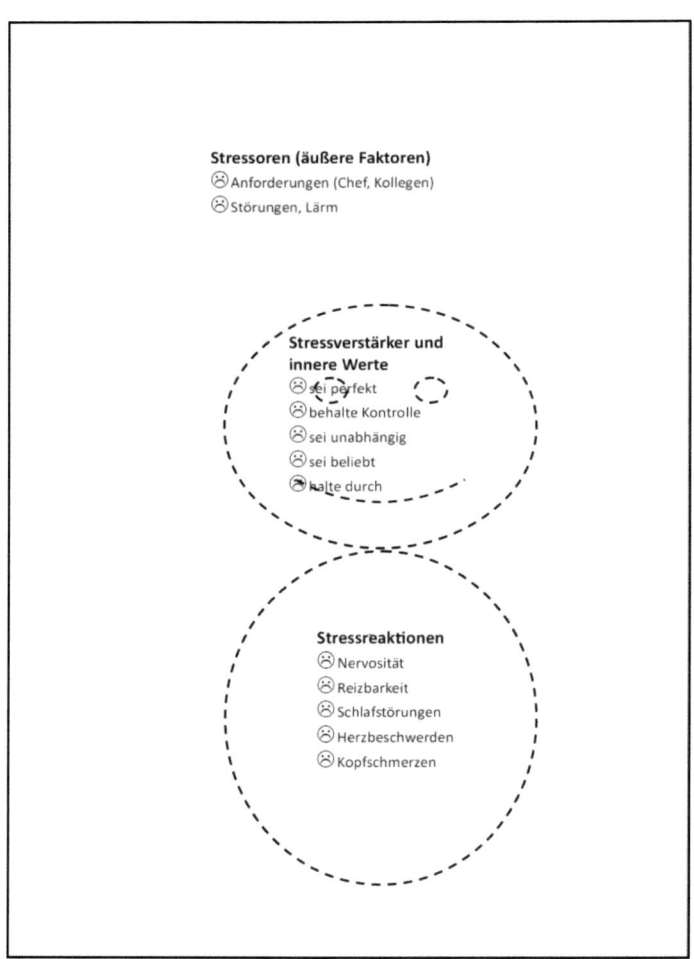

Stressoren (äußere Faktoren)
☹ Anforderungen (Chef, Kollegen)
☹ Störungen, Lärm

Stressverstärker und innere Werte
☹ sei perfekt
☹ behalte Kontrolle
☹ sei unabhängig
☹ sei beliebt
☹ halte durch

Stressreaktionen
☹ Nervosität
☹ Reizbarkeit
☹ Schlafstörungen
☹ Herzbeschwerden
☹ Kopfschmerzen

Ich begegne den äußeren Faktoren als Person, als Individuum. Stressreaktionen und meine inneren Werte sind meine Anteile.

Hier stellen sich Fragen direkt an mich, als Akteur in dem Geschehen:

- Was kann ich ändern?
- Wo kann ich ansetzen?
- Ist es mir die Sache wert?
- Inwieweit bin ich betroffen?
- Wie gehe ich mit mir und meiner inneren Wahrnehmung (in dieser Situation) um?
- …

Ich stehe Anforderungen gegenüber und werde (auf jeden Fall) reagieren, denn auch Nicht-Handeln ist eine Reaktion!

Koh 7

20 Doch gibt es auf der Erde keinen einzigen Menschen, der so gesetzestreu wäre, dass er stets richtig handelt, ohne je einen Fehler zu begehen.

23 Auf allen Wegen habe ich es mit dem Wissen versucht. Ich habe gesagt: Ich will lernen und dadurch gebildet werden. Aber das Wissen blieb für mich in der Ferne.

Woraus speist sich unser Wissen, unser Handeln, unsere Kenntnis von richtig und falsch?

...

Ich höre etwas, nehme wahr und sammle Kenntnisse aus dem, was ich aus meiner Umwelt erfahre. Es ist nicht aus mir, es ist vielleicht nicht einmal an mich gerichtet ... Es sind einfach Informationen.

Kommt mein Wissen dann nicht – wie auch die Anforderungen – in erster Linie von außerhalb? Kann daraus wahres Wissen entstehen, nach dem ich mein Tun richten kann? Wo bleibe ich bei alldem?

Individuelles Handeln ist nicht gleichbedeutend mit richtigem Handeln. Als Individuum kann ich eigentlich nicht **richtig** handeln – nicht grundsätzlich richtig - sondern nur entsprechend meiner augenblicklichen Situation.

...

Besser wäre also zu fragen: Worin bestehen dann die Besonderheiten meiner Situation, woran darf ich mein konkretes Handeln ausrichten? Wofür darf ich mit meinem Handeln sorgen? ... Sind es meine eigenen Bedürfnisse, das Wohlergehen von mir als Mensch oder sind die (inneren und äußeren) Anforderungen bestimmend?

...

Ich darf und ich muss als Mensch durch mein Handeln für mich sorgen – und – ich darf als Mensch auch Fehler machen.

4. Stressoren

STRESSOREN SIND ANFORDERUNGEN,
DEREN ERFOLGREICHE BEWÄLTIGUNG
WIR ALS SUBJEKTIV BEDEUTSAM,
ABER UNSICHER EINSCHÄTZEN.

6

---

[6] vgl. Anmerkung S. 40

Anforderungen von außen kommen nicht nur aus dem Beruf; in unterschiedlichem Ausmaß fühlen sich Menschen durch Beziehung(en), Familie und Finanzen, ebenso wie durch Hobbies, Verein usw. herausgefordert. Dabei hat gerade die individuelle, subjektive Bewertung einen entscheidenden Anteil.

Wir sehen uns mit Unerwartetem konfrontiert und wir reagieren (das heißt Körper **und** Psyche). Die Stressoren müssen nicht besonders stark ausgeprägt sein, vielleicht werden sie nicht einmal bewusst wahrgenommen und die Prozesse laufen unbewusst ab, bzw. werden einfach „umgewidmet" (… da ist das Wetter Schuld …).
Genauso kann es aber sein, dass uns die Situation in hohem Maße angreift oder wir überhaupt keinen Zusammenhang sehen zwischen dem, was uns in der Umwelt begegnet und sich in uns abspielt. Oder die Anforderung entsteht durch ein Ziel, dessen Erreichen aus verschiedenen Gründen für uns attraktiv erscheint
Durch unsere Bewertungen steuern wir die Anforderungen und werden so zum Mitspieler.

Meist ist dies kein Problem; wir nehmen die Herausforderungen, die an uns gestellt sind, an und gehen damit um. Bei chronischem Stress oder hohen Anforderungen (quantitativ oder qualitativ), bzw. bei einem unverzichtbaren Ziel kann dieses „Wahrnehmungs-Wirrwarr" aber durchaus Probleme bereiten.

Koh 3

1 *Alles hat seine Stunde. Für jedes Geschehen unter dem Himmel gibt es eine bestimmte Zeit:*

2 *eine Zeit zum Gebären / und eine Zeit zum Sterben, / eine Zeit zum Pflanzen / und eine Zeit zum Ausreißen der Pflanzen,*

3 *eine Zeit zum Töten / und eine Zeit zum Heilen, / eine Zeit zum Niederreißen / und eine Zeit zum Bauen,*

4 *eine Zeit zum Weinen / und eine Zeit zum Lachen, / eine Zeit für die Klage / und eine Zeit für den Tanz;*

5 *eine Zeit zum Steinewerfen / und eine Zeit zum Steinesammeln, / eine Zeit zum Umarmen / und eine Zeit, die Umarmung zu lösen,*

6 *eine Zeit zum Suchen / und eine Zeit zum Verlieren, / eine Zeit zum Behalten/ und eine Zeit zum Wegwerfen,*

7 *eine Zeit zum Zerreißen/ und eine Zeit zum Zusammennähen, / eine Zeit zum Schweigen / und eine Zeit zum Reden,*

8 *eine Zeit zum Lieben / und eine Zeit zum Hassen, / eine Zeit für den Krieg / und eine Zeit für den Frieden.*

Alles hat seine Zeit!

Das klingt zuerst einmal eindeutig und klar – aber schauen wir einmal genauer hin.

Denn es **braucht** auch alles seine Zeit.

Wie sieht es da bei mir aus?

Gibt es Dinge, für die ich mir viel Zeit nehme, vielleicht zu viel – oder gar keine?

…

Wie gehe ich mit der Zeit um, und wie geht die Zeit mit mir um?

Wie gehen andere mit meiner Zeit um? Lasse ich zu viel Einfluss auf meine Zeit zu?

…

Wie fülle ich die Zeit – was steht im Vordergrund? Ist es das „ich muss", „ich will" oder „ich fühle mich dazu in der Lage"? Was steht in meinem Leben mit der Zeit ganz vorne? Die Anforderungen, mein Wille oder die körperliche und psychische Verfasstheit?

…

Ermögliche oder verhindere ich die Zeit, die es braucht, um etwas in Ruhe zu Ende zu tun?

Wie gehe ich mit der geschenkten Zeit um? Behandle ich sie wie eine unverhoffte Gabe oder eher wie eine Seite von einer endlosen Papierrolle, die beschrieben werden muss oder die ich unbedingt beschreiben will?

Wie gehe ich mit der Zeit um?

5. Persönliche Stressverstärker

Stressoren sind Anforderungen,
deren erfolgreiche Bewältigung
wir als subjektiv bedeutsam,
aber unsicher einschätzen.

*PERSÖNLICHE STRESSVERSTÄRKER BERU-
HEN AUF INDIVIDUELLEN MOTVEN, EIN-
STELLUNGEN UND BEWERTUNGEN, DIE IM
WESENTLICHEN DAZU BEITRAGEN, DASS
STRESSREAKTIONEN AUSGELÖST UND/
ODER VERSTÄRKT WERDEN.*

[7]

---

[7] vgl. Anmerkung S.40

Innere Faktoren bewerten die äußeren Anforderungen oder stellen selbst welche. Dies kann sich stressmindernd oder stressverstärkend auswirken. Sie stehen aber nicht fest, sondern können sich je nach (äußerer oder innerer) Situation ändern und sind von vielfältigen Faktoren abhängig (Stimmung, Tagesform, Gesundheitszustand und vieles andere mehr). Es kann ein zurückhaltender Wunsch, genauso wie ein unbedingtes Muss sein (und alles dazwischen).

Sie stellen eine wichtige Stellschraube im Erleben von Stress und Anforderungen dar.

Mk 10

46 Sie kamen nach Jericho. Als er mit seinen Jüngern und einer großen Menschenmenge Jericho wieder verließ, saß am Weg ein blinder Bettler, Bartimäus, der Sohn des Timäus. **47** Sobald er hörte, dass es Jesus von Nazaret war, rief er laut: Sohn Davids, Jesus, hab Erbarmen mit mir! **48** Viele befahlen ihm zu schweigen. Er aber schrie noch viel lauter: Sohn Davids, hab Erbarmen mit mir! **49** Jesus blieb stehen und sagte: Ruft ihn her! Sie riefen den Blinden und sagten zu ihm: Hab nur Mut, steh auf, er ruft dich. **50** Da warf er seinen Mantel weg, sprang auf und lief auf Jesus zu. **51** Und Jesus fragte ihn: Was willst du, dass ich dir tue? Der Blinde antwortete: Rabbuni, ich möchte sehen können.

Es geht in dem Text wohl nicht um Äußeres, wie Geld, Glück oder Macht; auch nicht um körperliche Gebrechen (denn das ist so offensichtlich, dass es beinahe zynisch wäre).

Es geht um mehr; es geht um ihn – den Angesprochenen. Es geht wohl darum, was er nötig hat, was ihm wichtig ist, was er für sein Glück braucht.

Diese Fragen können wir uns ohne Weiteres auch selbst stellen (und so ist es wohl auch gemeint):

Was brauchen **wir**, um zufrieden zu sein? Was können wir gegen die (Maximal-)Forderungen stellen, die das Leben und wir selbst uns immer wieder aufgeben?

...

Was ist es, das unser Glück ausmacht, was uns zufrieden sein lässt und in aller Unvollkommenheit Freude erleben lässt?

Was sind wir bereit zu tun, um dahin zu kommen? Sind wir bereit die Unruhe oder das Aufsehen auf uns zu nehmen, wenn wir unsere Wünsche aussprechen und die Verwirrung anderer zu riskieren, wenn wir dafür eintreten?

Der „Held" in der Geschichte lässt seinen Mantel zurück (ein wichtiges Kleidungsstück für einen Bettler; es bedeutet für ihn Wärme, eine Decke, Schutz und ist sein einziger wertvoller Besitz).

Was sind wir bereit zurückzulassen, hinter uns zu lassen, abzustreifen? Sind wir bereit unsere Phantasien von Ansehen und Anerkennung – oder gar von Macht und Bequemlichkeit – aufzugeben oder vielleicht Prioritäten zu setzen?

Was ist es, das wir uns wirklich wünschen (und was ist es nicht)?

Was davon haben wir selbst in der Hand oder können es in die Hand nehmen?

Was wollen wir wirklich?

6. Reaktion in Körper und Geist

Stressoren sind Anforderungen,
deren erfolgreiche Bewältigung
wir als subjektiv bedeutsam,
aber unsicher einschätzen.

Persönliche Stressverstärker be-
ruhen auf individuellen Motven,
Einstellungen und Bewertungen,
die im wesentlichen dazu beitragen, dass Stressreaktionen ausgelöst und/oder verstärkt werden.

*STRESSREAKTIONEN BEWIRKEN EINE
ALLGEMEINE AKTIVIERUNG, DIE SICH
IN CHARAKTERISTISCHEN VERÄNDE-
RUNGEN VON KÖRPERLICHEN FUNK-
TIONEN, VON GEDANKEN UND GE-
FÜHLEN UND IM VERHALTEN ZEIGT.*

8

---

[8] Gert Kaluza, (2018), S.11, S.13 und S.15.

Körperliche und psychische Reaktionen auf Stress treten in vielfältiger Weise auf. Sie können lähmen, mir Kraft rauben oder auch Energie und Motivation freisetzen.

Diese Reaktionen dienen in der Regel der Erhöhung der Aufmerksamkeit oder der Bereitstellung von Energie in (körperlichen) Bedrohungssituationen. Allerdings haben sich die Anforderungen, die an uns gestellt sind, geändert. In dem Maße, wie die Reaktionen in archaischen Situationen hilfreich sein konnten (Angriff und Flucht), schränken sie heute unsere Handlungsfähigkeit ein.

Darüber hinaus sind es Zeichen und (Warn-)Signale des Körpers und der Psyche: der Kloß im Hals, das Bauchgefühl, etwas raubt uns den Schlaf oder macht uns unruhig. Sie können ignoriert, (mit Medikamenten) bekämpft oder eben als Warnung beachtet werden.

Die drei Akteure (Anforderungen, persönliche Stressverstärker und Stressreaktionen korrespondieren miteinander und bedingen sich gegenseitig.

Sprüche
17,22
Ein fröhliches Herz tut der Gesundheit gut, ein bedrücktes Gemüt lässt die Glieder verdorren.

13,12
Hingehaltene Hoffnung macht das Herz krank, erfülltes Verlangen ist ein Lebensbaum.

16,24
Freundliche Worte sind eine Honigwabe, süß für den Gaumen, heilsam für den Leib.

Vielleicht lohnt sich hier einmal nachzuspüren, was mit mir ist, was unter meiner Schale (noch) liegt.

Vielleicht kommt noch mehr zum Vorschein, wenn ich meine nach außen gerichteten Aktivitäten, Gefühle und Gedanken einfach mal auf der Seite lasse, wenn ich mich frage, was liegt mir auf dem Herzen, welcher Kloß steckt in meinem Hals, was geht mir an die Nieren oder liegt schwer in meinem Magen?

Körper und Geist reagieren auf die Umwelt und sind vielfältige Zeichen für unsere Leistungsfähigkeit:
Es ist nicht immer das Wetter, das für die Rückenbeschwerden verantwortlich ist; vielleicht gibt es etwas, das uns im Nacken sitzt, Spannungen auslöst oder uns den Appetit verdirbt und die Verdauung durcheinanderwirbelt.
Welches Verhalten verstärkt die Beschwerden oder die Anspannung und wodurch kann ich mir Entlastung verschaffen? Gibt es Reaktionsmuster, auf die zu achten sich lohnen könnte?

Das Ganze funktioniert auch in der anderen Richtung:
Ein freundliches Wort tut (auch körperlich) gut und dass es Dinge gibt, „die Leib und Seele erquicken", haben wir wohl alle schon gespürt …

… es gilt nur, die entsprechenden Wege zur Hand zu haben, wenn wir sie benötigen …

… und zu pflegen …

7. Subjektive Wahrnehmung

Stressoren (äußere Faktoren)

☹ Anforderungen (Chef, Kollegen)

☹ Störungen, Lärm

SUBJEKTIVE WAHRNEHMUNG

Stressverstärker und innere Werte

☹ sei perfekt

☹ behalte Kontrolle

☹ sei unabhängig

☹ sei beliebt

☹ halte durch

Stressreaktionen

☹ Nervosität

☹ Reizbarkeit

☹ Schlafstörungen

☹ Herzbeschwerden

☹ Kopfschmerzen

Auch hier ist noch nichts Ungewöhnliches geschehen; es kommt aber ein bedeutendes Element hinzu: Wir nehmen unsere Umwelt (also auch die Stressoren) **subjektiv** wahr; d.h. wir nehmen nicht die Wirklichkeit wahr, das, was objektiv existiert, sondern nur das, was bei uns jetzt (im Augenblick) ankommt (oder was ich zulasse bzw. hören will). Das merken wir, wenn etwas z.B., das heute nervig ist, morgen als akzeptabel bzw. normal wahrgenommen wird oder wenn wir Hör- und Sehprobleme betrachten, deren evtl. Beeinträchtigungen sich auf unsere Kenntnisse der Realität deutlich auswirken.

Auch das ist völlig normal und in gewisser Weise ein Überlebensmechanismus: er hilft uns in bestimmten Fällen mit der Fülle an Impulsen und Informationen zurecht zu kommen und zu sortieren.

Ein Problem dabei ist, dass es zu Verlagerungen und Übertragungen kommen kann. Im Einzelnen bedeutet das: Störfaktoren und belastenden Anforderungen werden nicht mehr korrekt zugeordnet, sondern auf andere Faktoren (Personen, Umstände etc.) geschoben. Die Kopfschmerzen durch die Arbeitsüberlastung werden auf die Klimaanlage geschoben und der Stress mit dem Chef hat Ungeduld mit den Kindern zur Folge.

Koh 1

17 *So habe ich mir vorgenommen zu erkennen, was Wissen wirklich ist, und zu erkennen, was Verblendung und Unwissen wirklich sind. Ich erkannte, dass auch dies ein Luftgespinst ist.*

Suchen Sie sich einen Ort, an dem Sie zehn bis zwanzig Minuten ungestört sind.

Stellen Sie sich nun vor, Sie müssten eine Situation beurteilen, würden einen Konflikt erleben oder auf andere Weise gefordert werden.
Wählen Sie eine Situation aus und stellen sich die Ausgangssituation möglichst genau vor.
Und nun spielen Sie die Szene vor Ihrem inneren Auge mit unterschiedlichen Bedingungen durch („Kopfkino").

Was geschieht mit Ihrer Wahrnehmung …

- … wenn Sie zum Beispiel die Perspektive wechseln? Sie sind nicht mehr Zuschauer, sondern Akteur (oder umgekehrt)?
- … wenn Sie das Ganze nicht fit und ausgeruht, sondern müde und erschöpft erleben (oder umgekehrt)?
- … macht es einen Unterschied, statt gut gelaunt eher gereizt zu sein (oder umgekehrt)? Auch das kann man sich vorstellen.
- Vielleicht kennen Sie weitere (für Sie typische) Bedingungen?

Wie verändert sich Ihr Wissen und Ihre Kenntnisse über die jeweilige Situation?

Vermutlich stellen Sie fest (oder wussten es bereits), dass aus der eindeutigen Erkenntnis eine persönliche Wahrnehmung wird: mein Wissen ist im Auge des Anderen (oder auch für mich – in einer anderen Situation) Verblendung und Irrtum – eine Luftnummer; es geht nicht um Wahrheit, sondern darum, was bei uns ankommt!

Gehen Sie im Geiste wieder zu Ihrer gewählten Situation zurück:

- Welche Reaktion wäre von Ihrem Gegenüber zu erwarten, wären Sie an seiner Stelle (denken Sie daran, Ihre Wahrnehmung unterscheidet sich deutlich von seiner)?
- Wie könnten Sie eventuellen Ärger entschärfen oder gar ganz vermeiden (wenn Sie sich in die Wahrnehmung des anderen aktiv einfühlen)?
- Was könnten Sie tun oder sagen, wie könnten Sie reagieren um Ihre Wahrnehmung der Situation anzupassen?
- Welche Strategien gibt es für Sie, um mit den an Sie gestellten Anforderungen umzugehen?

8. Stressoren wirken auf den Körper

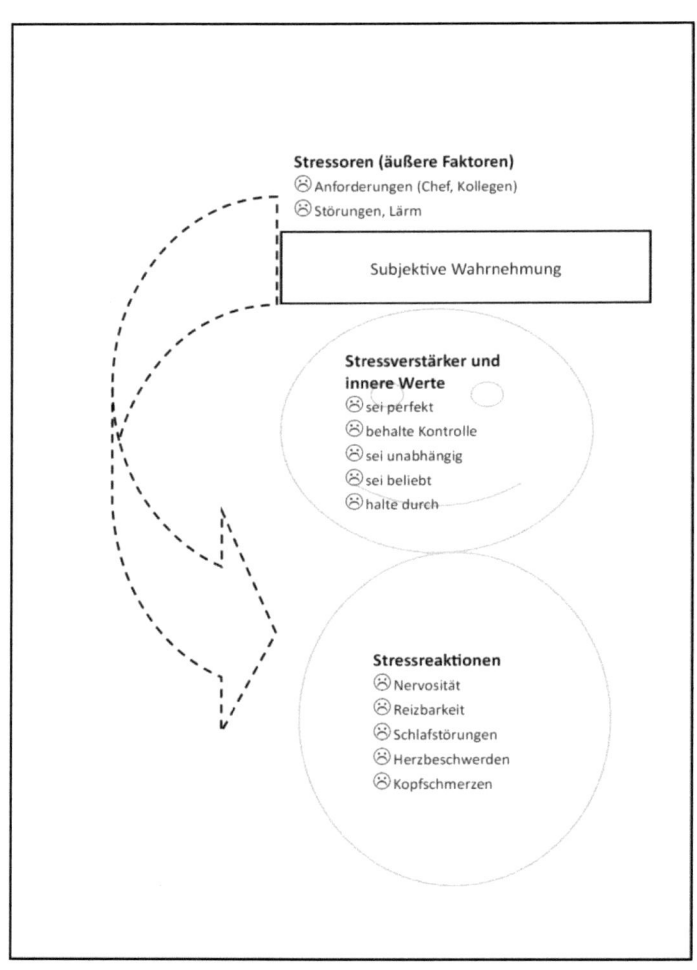

Stressoren (äußere Faktoren)
⊗ Anforderungen (Chef, Kollegen)
⊗ Störungen, Lärm

Subjektive Wahrnehmung

Stressverstärker und innere Werte
⊗ sei perfekt
⊗ behalte Kontrolle
⊗ sei unabhängig
⊗ sei beliebt
⊗ halte durch

Stressreaktionen
⊗ Nervosität
⊗ Reizbarkeit
⊗ Schlafstörungen
⊗ Herzbeschwerden
⊗ Kopfschmerzen

Stressoren wirken unmittelbar auf uns und es reagiert in der Regel zunächst der Körper (Sie heben den Arm zum Schutz, bevor Sie den Schlag oder Angriff überhaupt bewusst registrieren – vermutlich auch dann, wenn sich der Schlag als liebevolle Hand entpuppen sollte). Der Körper ist der allererste Signalgeber für eine Situation, die unserer Aufmerksamkeit bedarf.

Dies ist heute in der Regel weniger zielführend oder z.T. gar kontraproduktiv, weil es auf den (archaischen) Bedrohungsmustern von Flucht und Angriff als Reaktionen beruht.

Außerdem: Die äußeren Stressoren nur als Bedrohung wahrzunehmen, würde deutlich zu kurz greifen.

Fragen, die sich in diesem Zusammenhang zu stellen lohnen:

- Was wird tatsächlich (von wem) gefordert?
- Welche Anforderungen nehme (nur) ich wahr?
- Gibt es persönliche Gründe, die Anforderungen zu erfüllen oder deren Erfüllung zu verweigern?
- Welche Instrumente stehen mir zur Verfügung, um zu reagieren?

Mt 4

6 und sagte zu ihm: Wenn du Gottes Sohn bist, so stürz dich hinab; denn es heißt in der Schrift: Seinen Engeln befiehlt er um deinetwillen, und: Sie werden dich auf ihren Händen tragen, damit dein Fuß nicht an einen Stein stößt.

7 Jesus antwortete ihm: In der Schrift heißt es auch: Du sollst den Herrn, deinen Gott, nicht auf die Probe stellen.

8 Wieder nahm ihn der Teufel mit sich und führte ihn auf einen sehr hohen Berg; er zeigte ihm alle Reiche der Welt mit ihrer Pracht

9 und sagte zu ihm: Das alles will ich dir geben, wenn du dich vor mir niederwirfst und mich anbetest.

Äußere Faktoren stellen nicht nur eine Bedrohung dar – in ihnen stecken auch manche Verlockungen. Und tatsächlich will ich (oft) auch genau diese erfüllen oder handle aus den unterschiedlichsten Gründen entsprechend.

Welche (weiteren) Antriebe gibt es für mich?

(Äußere) Motivationen, die Anforderungen zu erfüllen, könnten sein:
- eine Belohnung,
- die Anerkennung anderer,
- eigene Sicherheit – körperliche Unversehrtheit,
- die Selbstachtung, die sie mir geben
- die Position, die ich erhalten oder festigen kann.
- …

Welche weiteren Gründe gibt es, die für mich eine besondere (oder überhaupt keine) Rolle spielen können?

Genauso können die Motive mit mir selbst zusammenhängen:
- Angst vor Nachteilen,
- der eigene Ehrgeiz
- Prestige, Selbstachtung, (beruflicher Erfolg)
- …

Gibt es „Verlockungen", die mein Handeln bestimmen? Bin ich noch Herr über mein Tun oder fühle ich mich mehr und mehr von außen gesteuert? Oder ist das nur in bestimmten Situationen der Fall?

Im weiteren Text folgt auf die Verlockungen ... tatsächlich nichts: Es gibt einen Szenenwechsel und die Situation findet wohl keine Beachtung mehr.

Versuchen Sie doch einfach einmal (in einer ungefährlichen Situation) genau das: die Verlockungen sowie die (äußeren und inneren) Stressoren einfach zu ignorieren. Versuchen Sie einmal in Situationen, die Sie (aus verschiedenen Gründen) meistern wollen, anstatt mit 90 oder 100 Prozent, mit weniger zufrieden zu sein.

9. Körperliche Reaktionen wirken auf innere Werte

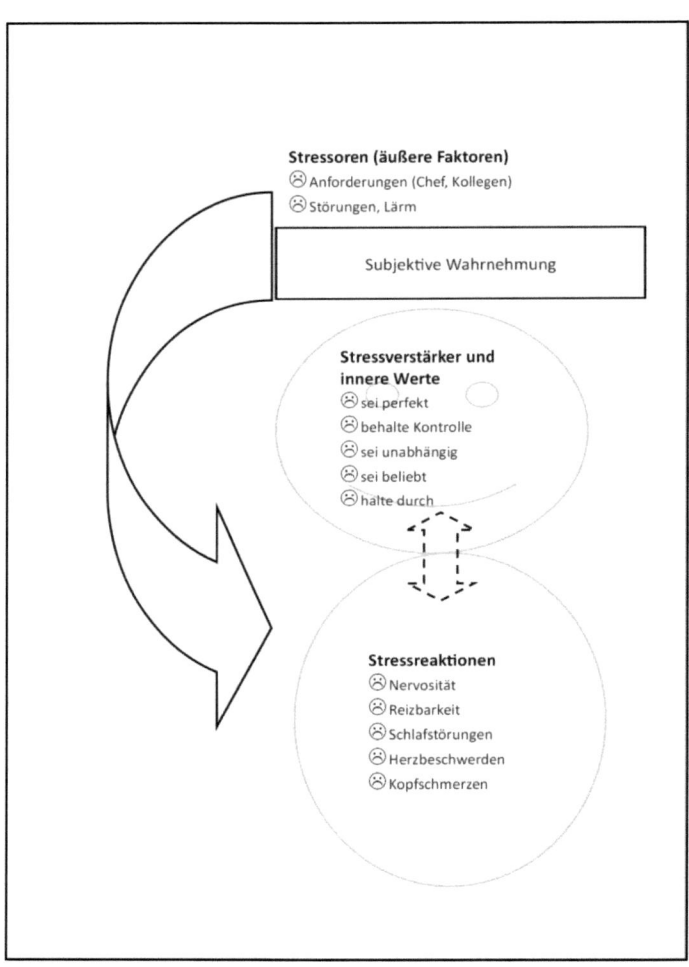

Stressoren (äußere Faktoren)
🙁 Anforderungen (Chef, Kollegen)
🙁 Störungen, Lärm

Subjektive Wahrnehmung

Stressverstärker und innere Werte
🙁 sei perfekt
🙁 behalte Kontrolle
🙁 sei unabhängig
🙁 sei beliebt
🙁 halte durch

Stressreaktionen
🙁 Nervosität
🙁 Reizbarkeit
🙁 Schlafstörungen
🙁 Herzbeschwerden
🙁 Kopfschmerzen

Die (körperlichen oder psychischen) Stressreaktionen setzen unsere (inneren) Stressverstärker in Gang. Unsere Werte und Zielvorstellungen melden sich zu Wort. Es kommt das „du musst" oder „du solltest" oder „eigentlich müsste ich".

Der Körper erlebt diese Anforderungen als weitere Herausforderung. Er gerät buchstäblich von zwei Seiten unter Druck und reagiert ebenfalls.

Koh 2

3 Ich trieb meine Forschung an mir selbst, indem ich meinen Leib mit Wein lockte, während mein Verstand das Wissen auf die Weide führte, und indem ich das Unwissen gefangen nahm. Ich wollte dabei beobachten, wo es vielleicht für die einzelnen Menschen möglich ist, sich unter dem Himmel Glück zu verschaffen während der wenigen Tage ihres Lebens.

11 Das Ergebnis: Das ist alles Windhauch und Luftgespinst.

Manchmal kreisen wir in unserem inneren Universum und drehen uns beständig um uns selbst: Der Bauch sagt dies und der Kopf jenes, und zuweilen ist der Rausch im Konsum oder die Selbstbestätigung in Betriebsamkeit die einzige Lösung, die wir zu erkennen glauben; dies beinhaltet allerdings nicht selten die Gefahr von Scheinerfolg und Selbstbetrug; wir geraten mit jeder Drehung mehr in die Illusion von Zufriedenheit und Wunscherfüllung oder Selbstrechtfertigung und (kurzfristigen) Problemlösungen, die nur noch mehr Probleme schaffen.

Es ist von Alkohol (Wein) die Rede. Aber es gibt noch weitere Wege, Körper und Psyche als Fluchtmittel zu nutzen oder in den Dienst von Anforderungen zu stellen:

- weitere Drogen
- Feste und Feiern
- extensive Entspannung, Fernsehen und Musik
- aufräumen, putzen, sortieren
- übermäßiges, ruheloses Arbeiten
- Vernachlässigung von Grundbedürfnissen wie Essen, Trinken und Ruhe
- Vernachlässigung von sozialen Kontakten

Körper und Geist werden betäubt oder ignoriert und wir wundern uns, dass wir – trotz aller Anstrengung und Mühe – keinen Meter vorangekommen sind – in unserem Kampf gegen Windmühlen.

Vielleicht wäre es ja eine Möglichkeit, einfach mal auszusteigen aus dem Karussell aus inneren Maßstäben und körperlicher Reaktion und das Ganze von außen zu betrachten ...

10. Innere Werte werden nach außen verlagert

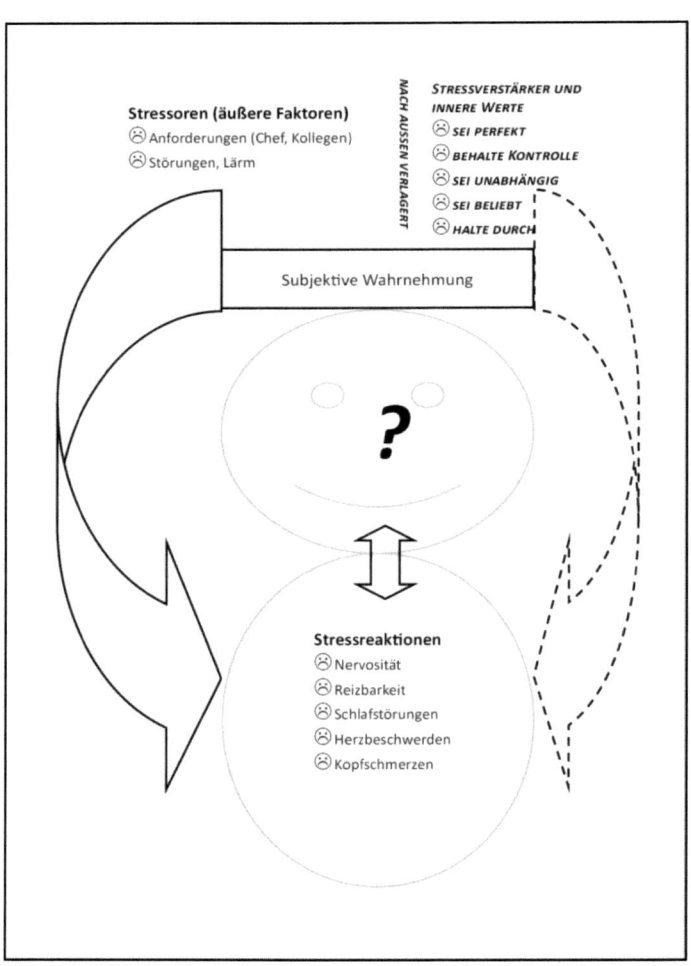

Stressoren (äußere Faktoren)
🙁 Anforderungen (Chef, Kollegen)
🙁 Störungen, Lärm

NACH AUSSEN VERLAGERT

STRESSVERSTÄRKER UND INNERE WERTE
🙁 *SEI PERFEKT*
🙁 *BEHALTE KONTROLLE*
🙁 *SEI UNABHÄNGIG*
🙁 *SEI BELIEBT*
🙁 *HALTE DURCH*

Subjektive Wahrnehmung

?

Stressreaktionen
🙁 Nervosität
🙁 Reizbarkeit
🙁 Schlafstörungen
🙁 Herzbeschwerden
🙁 Kopfschmerzen

Die inneren Werte (du musst ...) werden nach außen verlagert und werden als unbedingtes „Muss" erlebt. Zurück bleibt Leere: Was will ich eigentlich, wo bleibe ich?

Der Mensch gerät unter doppelten Druck: Zu den (weiterhin bestehenden) äußeren Stressfaktoren kommen nun die nach außen verlagerten inneren Werte („du musst") dazu; deren Wirkung kann ungleich fataler sein, da hier der Druck nicht reguliert wird (z.B. durch Gepflogenheiten, Gesetz, Bestimmungen etc.).

Erschwerend kommt hinzu, dass die eigene Persönlichkeit immer mehr in den Hintergrund tritt oder gar zu verschwinden droht („ich weiß nicht mehr, wo mir der Kopf steht" oder „wo bleibe ich eigentlich").

Kritisch wird es durch die erhöhten persönlichen Stressreaktionen und die damit verbundene geringere Leistungsfähigkeit (wenn ich Kopfweh oder Magenbeschwerden vom Stress habe, kann ich weniger leisten, obwohl mehr von mir verlangt wird).

Eventuell muss hier zwischen den Anforderungen und der eigenen Leistungsfähigkeit entschieden werden – mit entsprechenden Konsequenzen.

Werden die Konsequenzen in dieser Situation nicht gezogen, erhöht sich das individuelle Risiko.

Mt 18

1 In jener Stunde kamen die Jünger zu Jesus und fragten: Wer ist denn im Himmelreich der Größte? 2 Da rief er ein Kind herbei, stellte es in ihre Mitte 3 und sagte: Amen, ich sage euch: Wenn ihr nicht umkehrt und werdet wie die Kinder, werdet ihr nicht in das Himmelreich hineinkommen.

Es ist gut, im Leben Ziele zu haben.

Auch große Ziele sind in Ordnung.

Aber Maximalforderungen …? Ziele, deren Erreichen von vornherein scheitern muss, weil sie das Absolute, das eigentlich nicht Erreichbare beinhalten: Perfektion, (absolute) Kontrolle, Freiheit, Beliebtheit und Durchhaltevermögen …

Diese Ansprüche übersteigen unsere Grenzen bei weitem und gehen deutlich über uns selbst hinaus.

…

Kinder sind da anders: Sie planen auch, haben Ziele, nehmen sich etwas vor … trotzdem ist es anders: unmittelbarer, mehr im eigenen Sein verwurzelt.

Sie orientieren sich am Augenblick, an ihren konkreten Bedürfnissen. Und wenn sie nicht erfüllt werden, kann es sein, dass sie zornig werden und darauf bestehen, dass man ihnen das Nötige gibt …

Wäre das vielleicht ein Weg auch für uns?

11. Innere Werte kollidieren

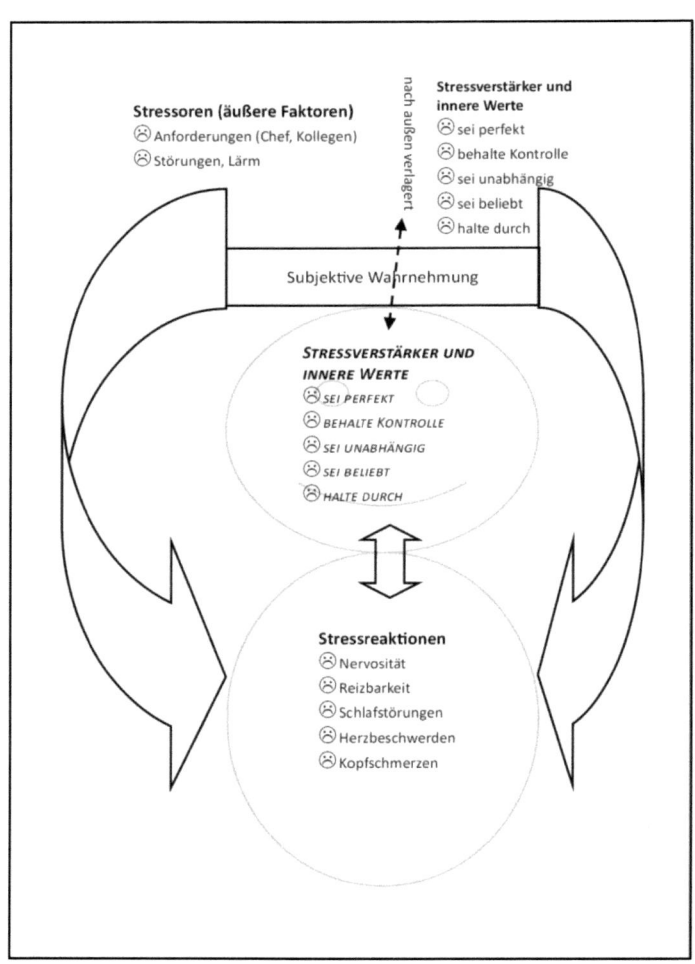

Stressoren (äußere Faktoren)
☹ Anforderungen (Chef, Kollegen)
☹ Störungen, Lärm

nach außen verlagert

Stressverstärker und innere Werte
☹ sei perfekt
☹ behalte Kontrolle
☹ sei unabhängig
☹ sei beliebt
☹ halte durch

Subjektive Wahrnehmung

STRESSVERSTÄRKER UND INNERE WERTE
☹ *SEI PERFEKT*
☹ *BEHALTE KONTROLLE*
☹ *SEI UNABHÄNGIG*
☹ *SEI BELIEBT*
☹ *HALTE DURCH*

Stressreaktionen
☹ Nervosität
☹ Reizbarkeit
☹ Schlafstörungen
☹ Herzbeschwerden
☹ Kopfschmerzen

Die inneren Werte werden deutlich als Anforderung von außen erlebt und kollidieren mit weiteren individuellen Ansprüchen - es entstehen massive (innere) Konflikte zwischen (vermeintlicher) Anforderung und (als persönlich wahrgenommenen) inneren Werten.

Dies ist zwar ein Zeitpunkt von erheblichem Stress, aber von einem gesunden Menschen (in einem stabilen sozialen Umfeld) durchaus verkraftbar.
Manche Menschen entwickeln in solchen Phasen enorme Energien (wenn entsprechende Strategien verfügbar sind) und sind zu großen Leistungen fähig — oder werden krank und die Psyche bzw. der Körper ziehen die Notbremse.

Jetzt sind unbedingt Lösungen gefragt, aber bei Annahme von (auch professioneller) Hilfen kann die Situation durchaus gemeistert werden.

Unabdingbar sind jetzt Strategien zur Stressreduktion und zur Stressbewältigung.
Die Hilfen können in der Regel nicht (ausschließlich) aus dem unmittelbaren sozialen Umfeld kommen, da es von den Vorgängen ebenso betroffen ist und insofern auch von der subjektiven (verzerrten) Wahrnehmung.

1. Gen 17

1 *Geh einher vor meinem Antlitz! sei ganz!*[9]

---

[9] Übersetzung: Buber/Rosenzweig (1992): Die fünf Bücher der Weisung

Allzu oft stehen unsere Ziele im Widerspruch zueinander ... Wir wollen etwas erreichen und sprengen dabei unsere eigenen Grenzen; wir gehen ohne Rücksicht über uns hinaus und wollen irgendwo hin ...

... und laufen uns beständig selbst hinterher, sind Getriebene der eigenen Ziele. Wir stolpern über die eigenen Füße und stehen uns selbst im Weg.

Ja, wir wollen authentisch sein - uns selbst verwirklichen – aber tatsächlich machen wir das Gegenteil: Wir streben nach mehr und wollen noch besser werden – anstatt einfach mal bei uns anzukommen und uns selbst anzunehmen – mit all den Halbheiten und Verwerfungen, die ja auch dazu gehören.

12. Wechselwirkungen Stressoren und innere Werte

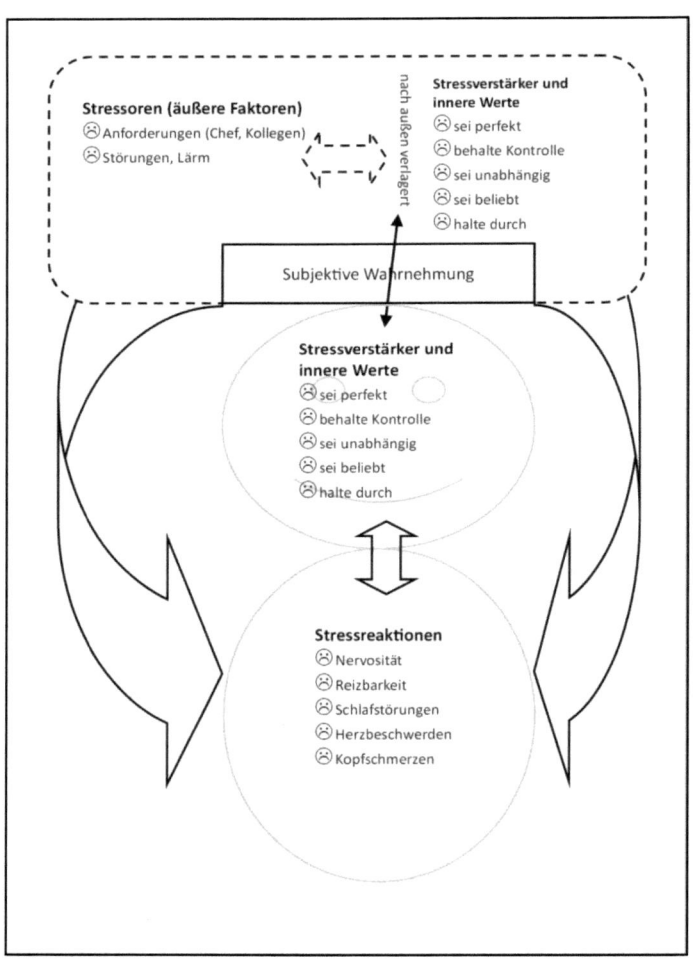

Stressoren (äußere Faktoren)
- ☹ Anforderungen (Chef, Kollegen)
- ☹ Störungen, Lärm

nach außen verlagert

Stressverstärker und innere Werte
- ☹ sei perfekt
- ☹ behalte Kontrolle
- ☹ sei unabhängig
- ☹ sei beliebt
- ☹ halte durch

Subjektive Wahrnehmung

Stressverstärker und innere Werte
- ☹ sei perfekt
- ☹ behalte Kontrolle
- ☹ sei unabhängig
- ☹ sei beliebt
- ☹ halte durch

Stressreaktionen
- ☹ Nervosität
- ☹ Reizbarkeit
- ☹ Schlafstörungen
- ☹ Herzbeschwerden
- ☹ Kopfschmerzen

Die eigenen zurechtgelegten Pläne kollidieren mit dem, was ich an mich gestellt erlebe und werden so durchbrochen. Es läuft nicht so, wie ich es mir vorgestellt habe und neue Strategien sind nötig.

Der Druck wird hier zu einem nicht erheblichen Teil von den eigenen, nicht mehr durchführbaren Vorstellungen ausgeübt.

Die Erfüllung der Anforderungen wird nicht nur als unsicher, sondern mehr und mehr als unwahrscheinlich oder gar unmöglich wahrgenommen.

Verstärkt wird dies noch durch konkurrierende und auch sich ausschließende (sowohl selbst gestellter als auch von außen gesetzter) Anforderungen.

Def. stressbezogene Bewertung von Anforderungen:
Sie „liegt dann vor, wenn wir

1. die Anforderungen als subjektiv bedeutsam einschätzen, d.h. wir sehen wichtige Lebensbereiche, Bedürfnisse, Motive und Ziele durch die jeweilige Situation bedroht oder geschädigt, und

2. eigene Kompetenzen und die zur Verfügung stehenden externen Ressourcen als nicht ausreichend für eine erfolgreiche Bewältigung der Anforderungen einschätzen." [10]

---

[10] Kaluza (2018) S.75

Ijob 1

5 Denn Ijob sagte sich: Vielleicht haben meine Kinder gesündigt und Gott gesegnet[11] in ihrem Herzen. So tat Ijob alle Tage.

9 Der Satan antwortete dem HERRN und sagte: Geschieht es ohne Grund, dass Ijob Gott fürchtet? 10 [...]Das Tun seiner Hände hast du gesegnet; sein Besitz hat sich weit ausgebreitet im Land. 11 Aber streck nur deine Hand gegen ihn aus und rühr an all das, was sein ist; wahrhaftig, er wird dich ins Angesicht segnen.

---

[11] Segnen: euphemistisch für lästern (1,5 und 11)

Sind wir ehrlich:

Wir besitzen (vermutlich eine ganze Menge – und mehr, als wir bis zur nächsten Lohnzahlung verbrauchen können); aber unsere Habe ist uns sehr wichtig – genauso wie Position und Einfluss (den wir anstreben oder zu verlieren befürchten) … Und wehe, es läuft nicht wie gewünscht, etwas durchkreuzt unsere Pläne oder es geht nicht, wie es soll …

„Es sind die Umstände, die so zu handeln mich zwingen", sagen Sie vielleicht - bisweilen mag das stimmen, viel öfters sind es aber auch unsere eigenen Motive und Ansprüche, die uns antreiben oder im Gegensatz zu dem stehen, was an uns gerichtet wird.

Schauen wir die Maßstäbe einmal genauer an: Wieviel von dem, was wir zu müssen meinen, müssen wir wirklich und wieviel wollen wir nur, und wieviel wird früher oder später neuen Druck für uns aufbauen? Wieviel will ich eigentlich nicht, brauch es noch weniger, tue es nur, weil es von mir erwartet wird - oder ich meine, es würde erwartet?

… Und was gibt mir tatsächlich etwas für mein Leben … oder könnte etwas geben, würde ich es nicht selbst verhindern - durch Mehr und Besser und Optimierung von Plänen, deren Erfüllung in weiter Ferne liegt?

Können wir unsere Ziele, unsere Ansprüche konkret benennen – oder sind es nur übernommene Werte und Prinzipien, die zu hinterfragen uns bisher die Muße fehlte?

Werden wir auch verfluchen, wie es Ijob prophezeit wird?

13. Imaginäre Stressoren und Gefahren

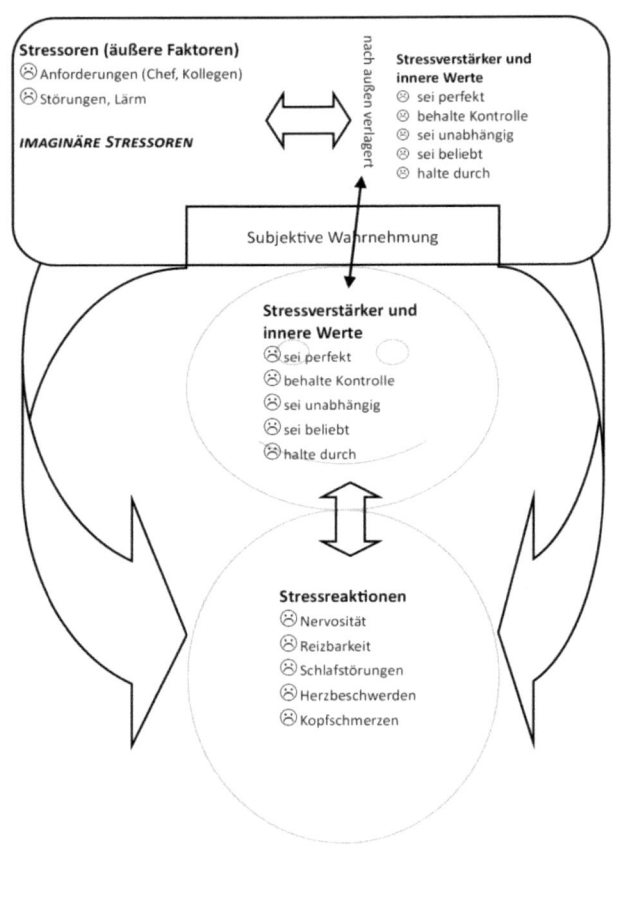

Stressoren (äußere Faktoren)
- ☹ Anforderungen (Chef, Kollegen)
- ☹ Störungen, Lärm

IMAGINÄRE STRESSOREN

nach außen verlagert

Stressverstärker und innere Werte
- ☹ sei perfekt
- ☹ behalte Kontrolle
- ☹ sei unabhängig
- ☹ sei beliebt
- ☹ halte durch

Subjektive Wahrnehmung

Stressverstärker und innere Werte
- ☹ sei perfekt
- ☹ behalte Kontrolle
- ☹ sei unabhängig
- ☹ sei beliebt
- ☹ halte durch

Stressreaktionen
- ☹ Nervosität
- ☹ Reizbarkeit
- ☹ Schlafstörungen
- ☹ Herzbeschwerden
- ☹ Kopfschmerzen

Imaginäre, d.h. nicht reale (eingebildete oder phantasierte) Stressoren kommen hinzu und machen uns besonderen Druck (weil sie eben nicht greifbar sind). Beispiele dafür wären: falsch verstandene Erfolgserwartung, jegliche Form von Maximalforderungen, vermeintliche Gegnerschaft, Verschwörungstheorien, vermutete Abwertungen, überzogene Vorsicht und Angst, befürchtete Entwicklungen, Verallgemeinerung etc.

Wichtig ist, dass diese Faktoren nicht der Wirklichkeit entsprechen, aber für den Einzelnen absolut real und wirklich — also vollumfänglich wirksam — sind.

In Verbindung mit den (nach außen verlagerten) inneren Werten bildet sich eine verhängnisvolle Dynamik: Anforderungen des Chefs (bspw.) kann ich erfüllen oder ablehnen; Lärm kann ich versuchen zu minimieren (etc.); diese Faktoren sind greifbar. Imaginäre Stressoren erhalten aber durch die Maximalforderungen der inneren Stressverstärker eine eigene subjektive Triebfeder. Sie können nie abgehakt werden, weil sie aufgrund ihrer Struktur nie greifbar sein werden.

Die inneren Werte bilden als Maximalforderung den Stock, an dem die imaginierten Anforderungen (als Mohrrübe) hängen, denen der Esel hinterher läuft.

Hier besteht die Gefahr, dass sich ein Paralleluniversum entwickelt.

Mt 6

26 Seht euch die Vögel des Himmels an: Sie säen nicht, sie ernten nicht und sammeln keine Vorräte in Scheunen; euer himmlischer Vater ernährt sie. Seid ihr nicht viel mehr wert als sie? **27** Wer von euch kann mit all seiner Sorge sein Leben auch nur um eine kleine Spanne verlängern? **28** Und was sorgt ihr euch um eure Kleidung? Lernt von den Lilien des Feldes, wie sie wachsen: Sie arbeiten nicht und spinnen nicht. **29** Doch ich sage euch: Selbst Salomo war in all seiner Pracht nicht gekleidet wie eine von ihnen.

Vorab:

Es ist nicht die Rede davon, einfach in den Tag hinein zu leben, wie Hans-guck-in-die- Luft! Auch Vögel (und Lilien) kümmern sich um Dinge wie Nahrung, Abwehr von Gefahren und Aufzucht von Nachwuchs. Bestimmte Erfordernisse bestimmen auch ihr Leben.

Aber schauen wir einmal auf diesem Hintergrund eine mögliche Stressreaktion an! Vielleicht haben Sie eine Situation präsent oder vor kurzem erlebt:

- Wir denken über mögliche Reaktionen anderer nach und entwickeln Abwehrmaßnahmen gegen Gefahren, die es so überhaupt nicht gibt.
- Wir meinen Abwertungen im Verhalten anderer zu entdecken und befürchten Entwicklungen, die sich negativ auswirken könnten.
- Wir vermuten Anforderungen, die die tatsächlichen Vorgaben übersteigen.
- Oder wir sehen Hindernisse für unser Vorhaben, die es so (noch) gar nicht gibt und versuchen durch Alternativpläne (die alles andere als sicher sind), dem zu begegnen.

…

Wir investieren tatsächlich sehr viel Energie in Dinge, die sich – zuerst einmal – nur in unserem Kopf abspielen und (wenigstens im Augenblick) nicht real sind.

Und wie oft stellen wir hinterher fest, dass unsere Sorgen unbegründet waren – oder sich sogar negativ auf uns oder schädlich für die Situation auswirkten.

…

Achten wir doch einmal ein wenig darauf: Was betrifft uns wirklich und ganz konkret, was weniger und was überhaupt nicht ...

Wie ändert sich der wahrgenommene Druck, wenn ich – wie die Vögel des Himmels – mehr das Unmittelbare in meinen Plänen berücksichtige ...

14. Selektive Wahrnehmung

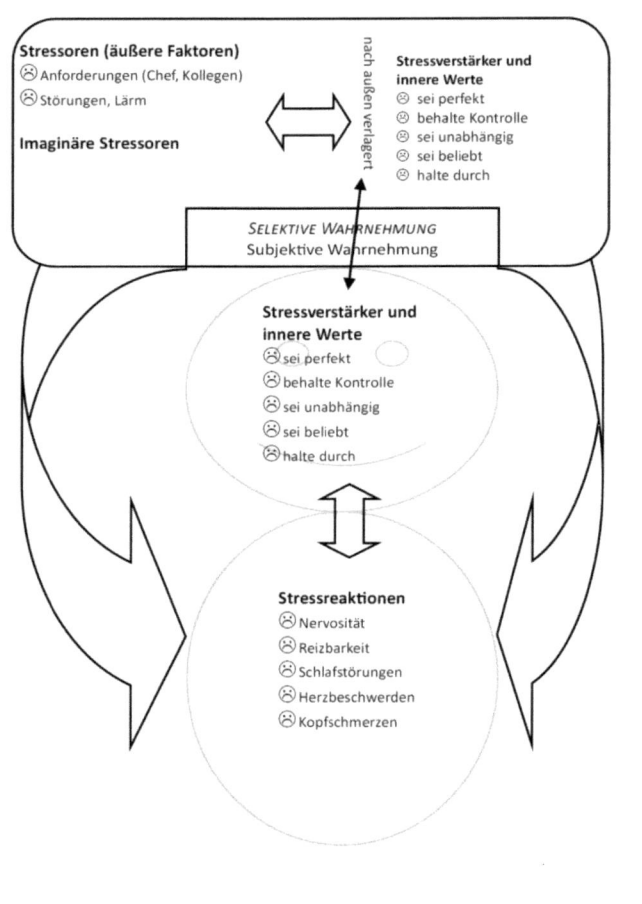

Stressoren (äußere Faktoren)

☹ Anforderungen (Chef, Kollegen)

☹ Störungen, Lärm

Imaginäre Stressoren

nach außen verlagert

Stressverstärker und innere Werte

☹ sei perfekt
☹ behalte Kontrolle
☹ sei unabhängig
☹ sei beliebt
☹ halte durch

SELEKTIVE WAHRNEHMUNG
Subjektive Wahrnehmung

Stressverstärker und innere Werte

☹ sei perfekt
☹ behalte Kontrolle
☹ sei unabhängig
☹ sei beliebt
☹ halte durch

Stressreaktionen

☹ Nervosität
☹ Reizbarkeit
☹ Schlafstörungen
☹ Herzbeschwerden
☹ Kopfschmerzen

Der Bezug zur Realität verändert sich; die Wahrnehmung wird mehr und mehr von selektivem Denken und subjektiver Wahrnehmung geprägt. Verschärfende Denkmuster sind z.B.:

- Hadern mit der Realität
- Nicht-wahr-haben-wollen
- negatives Verallgemeinern
- ausmalen negativer Konsequenzen
- alles persönlich nehmen
- eigene Schwächen und Defizite überbetonen[12]

Der Mensch nimmt nicht mehr die Breite wahr, sondern nur noch Teile der Realität (und bestätigt damit seinen eigenen Stress). Einzelne (Miss-)Erfolge werden verallgemeinert und die spezifische Situation vernachlässigt.

Durch die eingeschränkte Wahrnehmung kann es passieren, dass die Ursache einzig außerhalb der eigenen Person gesucht und gesehen wird; somit wird die Bedeutung der eigenen Verantwortung mehr und mehr vernachlässigt. Oder aber die eigene Rolle wird über alle Maßen hervorgehoben und weitere Faktoren treten so in den Hintergrund. Dies wird durch weitere Verzerrungen noch verstärkt (vgl. S. 93 und 99).

---

[12] Kaluza, (2018) S.75-78

Lk 24

14 Sie sprachen miteinander über all das, was sich ereignet hatte. **28** So erreichten sie das Dorf, zu dem sie unterwegs waren. **30** Und es geschah, als er mit ihnen bei Tisch war, nahm er das Brot, sprach den Lobpreis, brach es und gab es ihnen.

31 Da wurden ihre Augen aufgetan und sie erkannten ihn.

Die kleine Gruppe ging einen Weg; wir können davon ausgehen, dass es kein einfacher Weg war: Die Zwei hatten Sorgen und sie sprachen mit dem Dritten – der ihnen anscheinend fremd war – darüber. Sie sprachen über Dinge, die sie beschäftigten und auch belasteten. Erst am Abend, als sie sich zum Essen zusammensetzen, erkannten sie den scheinbar Unbekannten.

Soweit der Text; aber schauen wir einmal ganz rational drauf: Entweder war er nicht zu sehen oder er war zu sehen und sie haben ihn (zuerst) nicht, sondern erst beim Essen erkannt: die Wahrnehmung ist selektiv; sie wird gesteuert durch Erwartungen und andere Faktoren, in diesem Fall wohl einer Menge Sorgen.
Erst als sie zur Ruhe kommen, die Grübeleien und das Probleme-Wälzen hinter sich lassen, öffnet sich ihr Blick – und sie erkennen, was sie vorher nicht sahen; es war verdeckt von Dingen, die – wie vergrößert durch eine Lupe – alles andere verdeckten oder in den Hintergrund drängten.

Durch die Ruhe (beim Essen) finden sie wieder ihren Durchblick – und sie erkennen.
Noch ein zweites Element ist bedeutsam: Sie erkennen durch das, was er tut; durch das genaue Beobachten sehen sie klarer, blicken plötzlich durch!

Vielleicht ist es das:

Einfach mal in Ruhe etwas essen (oder Abwarten und Tee trinken) und genau hinschauen.

15. Tunnelblick

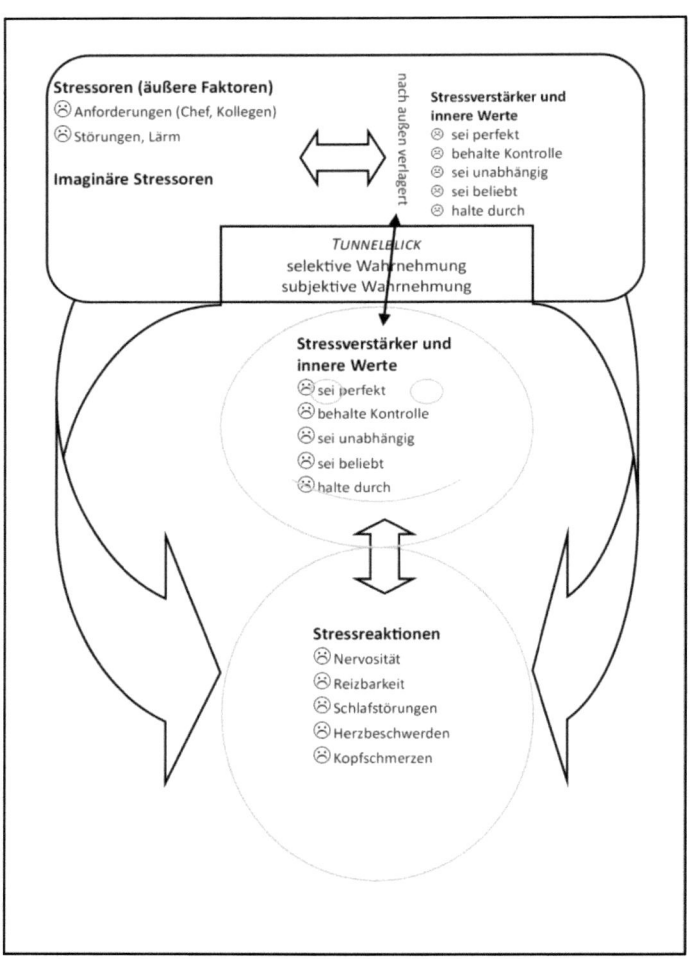

Stressoren (äußere Faktoren)
- Anforderungen (Chef, Kollegen)
- Störungen, Lärm

Imaginäre Stressoren

nach außen verlagert

Stressverstärker und innere Werte
- sei perfekt
- behalte Kontrolle
- sei unabhängig
- sei beliebt
- halte durch

TUNNELBLICK
selektive Wahrnehmung
subjektive Wahrnehmung

Stressverstärker und innere Werte
- sei perfekt
- behalte Kontrolle
- sei unabhängig
- sei beliebt
- halte durch

Stressreaktionen
- Nervosität
- Reizbarkeit
- Schlafstörungen
- Herzbeschwerden
- Kopfschmerzen

Der Blick ist nur (und ausschließlich) auf die bedrohliche Situation gerichtet. Sinnvoll ist diese Reaktion in einer unmittelbaren (körperlichen) Bedrohungssituation, wo die ganze Aufmerksamkeit auf eine mögliche Reaktion erforderlich ist (in der Regel Flucht oder Kampf).

In den meisten Fällen nimmt uns aber der Tunnelblick den Überblick und beschränkt so unsere Handlungsfähigkeit. Eventuelle Hilfen und Auswege werden nicht mehr wahrgenommen, ebenso wenig neue Entwicklungen, die Entscheidungen erfordern. Im Vordergrund der Wahrnehmung stehen Teile der Stressoren und Stressverstärker. Durch den entstehenden Druck wird zusätzlich die Leistungsfähigkeit eingeschränkt und es besteht die Gefahr der (körperlichen und psychischen) Überforderung.

2. Kön 4

1 Mein Mann, dein Knecht, ist gestorben. Du weißt, dass dein Knecht gottesfürchtig war. Nun kommt der Gläubiger, um sich meine beiden Söhne als Sklaven zu nehmen. 2 Elischa fragte sie: Was kann ich für dich tun? Sag mir: Was hast du im Haus? Sie antwortete: Deine Magd hat nichts im Haus als einen Krug Öl. 3 Da sagte er: Geh und erbitte dir auf der Gasse von allen deinen Nachbarn leere Gefäße, aber nicht zu wenige! 4 Dann geh heim, verschließ die Tür hinter dir und deinen Söhnen, gieß Öl in alle diese Gefäße und stell die gefüllten beiseite! 5 Sie ging von ihm weg und verschloss die Tür hinter sich und ihren Söhnen. Diese reichten ihr die Gefäße hin und sie füllte ein. 7 Geh, verkauf das Öl und bezahl deine Schuld! Von dem, was übrig bleibt, magst du mit deinen Söhnen leben.

Wie oft schaue auch ich (wie die Frau im Text) auf meine Möglichkeiten und sehe nur meine eigenen Ansprüche, die ich glaube, an mich stellen zu müssen (oder von anderen zu hören meine). Meine Ansprüche (genauso wie Angst und Gefahr) verstellen mir den Blick auf Wege und Chancen, die sich mir bieten. Die Situation wird für mich aussichtslos und scheint völlig verfahren.

In der Geschichte schafft es die Frau erst in der völligen Verzweiflung, endlich um Hilfe zu bitten. Bis dahin meint sie wohl, die Lage selbst bewältigen zu können (oder zu müssen), es irgendwie noch im Griff zu haben. Aber jetzt ist sie mit ihrem Latein am Ende und sie sieht nur noch das drohende Ende.

Der Rat, den sie bekommt, klingt seltsam: *Geh heim, verschließ die Tür hinter dir und deinen Söhnen*.

Erst jetzt, als sie endlich zur Ruhe kommt, die Tür ihres Hauses hinter sich schließt und der Solidarität der Familie (oder Freunde) vertraut, erkennt sie den Wert ihrer eigenen Vorräte und Ressourcen. Erst jetzt weitet sich ihr Blick hin zu Möglichkeiten und Wegen, die sich ihr, trotz aller Ausweglosigkeit, noch bieten.

16. Innere Emigration

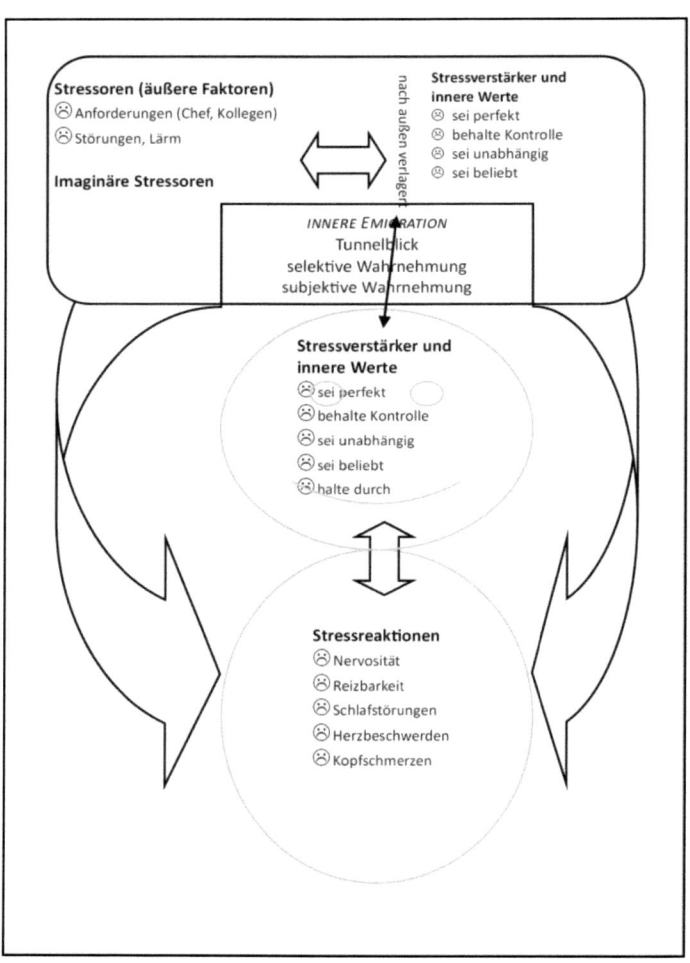

Stressoren (äußere Faktoren)
- ☹ Anforderungen (Chef, Kollegen)
- ☹ Störungen, Lärm

Imaginäre Stressoren

nach außen verlagern

Stressverstärker und innere Werte
- ☹ sei perfekt
- ☹ behalte Kontrolle
- ☹ sei unabhängig
- ☹ sei beliebt

INNERE EMIGRATION
Tunnelblick
selektive Wahrnehmung
subjektive Wahrnehmung

Stressverstärker und innere Werte
- ☹ sei perfekt
- ☹ behalte Kontrolle
- ☹ sei unabhängig
- ☹ sei beliebt
- ☹ halte durch

Stressreaktionen
- ☹ Nervosität
- ☹ Reizbarkeit
- ☹ Schlafstörungen
- ☹ Herzbeschwerden
- ☹ Kopfschmerzen

Die bisherigen Elemente, die die Wahrnehmung ein-
schränkten, sind die selektive Wahrnehmung (wir nehmen nur einen Teil wahr) und der Tunnelblick (die Aufmerksamkeit ist auf einen einzigen - oft beliebigen - Teil
der Realität fokussiert). Jetzt kommt noch die innere
Emigration hinzu (ich ziehe mich in mich selbst zurück),
d.h. wir sortieren insgesamt aus (oder phantasieren
dazu).

Ich nehme jetzt extrem selektiv wahr und die imaginären
Stressoren beginnen ein Eigenleben zu führen: Hilfen und
Ratschläge werden als zusätzlicher Druck und Stressor er-
lebt. Für Außenstehende wird es jetzt sehr schwer.
Es kann sein, dass der Einzelne sich aus seinem Umfeld
zurückzieht, um sich selbst (vor den Stressoren) oder das
Umfeld (vor seinen unvorhersehbaren Reaktionen) zu
schützen.

Imaginäre Stressoren und die verzerrte Wahrnehmung
erscheinen völlig real! Die Verschiebung oder Fehleinschätzung der Wirklichkeit ist für die Betroffenen nicht
wahrnehmbar und die Realität ist so — auch im ruhigen
Gespräch — nicht dauerhaft zugänglich. Die eingeschränkte Wahrnehmung bleibt auch dann (in gewissem
Umfang) als Realität wirksam, wenn rational die verzer-
rende Wirkung erkannt wurde.

Koh 2

13 *Ich beobachtete: Es gibt einen Vorteil, den das Wissen bietet, aber nicht das Unwissen, wie es einen Vorteil gibt, den das Licht bietet, aber nicht die Dunkelheit:*

14 *Der Gebildete hat Augen im Kopf, der Ungebildete tappt im Dunkeln.*

Oft frage ich mich, was bringt es zu arbeiten, Veränderungen und Zusammenhänge zu begreifen suchen oder gar einzugreifen?
Ich sehe – und erkenne anderes als das Gegenüber; ich höre - aber was ich verstehe, scheint falsch.

Alles ist sinnlos.

Aber noch sinnloser ist es, im Dunkeln zu verharren und mich mit der Finsternis abzufinden oder alles Wissen einfach zu ignorieren, bzw. Schicksal und Irrtum das Feld zu überlassen.

Vielleicht sollte ich wirklich aufhören, das Licht zu suchen und mich stattdessen umschauen nach jemandem, der davon weiß oder vielleicht Möglichkeiten kennt, es zu finden.
Wenn um mich Finsternis ist, bleibt mir eigentlich nichts als die Hoffnung auf Jemanden, der mich an der Hand nimmt oder mir mit einem sanften Stoß die Richtung weist.

17. Der Zusammenbruch I

Stressoren (äußere Faktoren)

imaginäre Stresso-

STRESS-
REAKTIONEN

Stressverstärker
und
innere Werte

innere Emigration
Tunnelblick
selektive Wahrnehmung
subjektive Wahrnehmung

Stressreaktionen

🙁 Nervosität
🙁 Reizbarkeit
🙁 Schlafstörungen
🙁 Herzbeschwerden
🙁 Kopfschmerzen

Es kommt zum Zusammenbruch (aber noch nicht das Ende).

Die eigenen Stressreaktionen werden zum Stressor (sie waren schon vorher eine Belastung — jetzt werden sie zu **dem Problem**). Im Klartext: Ich halte es nicht mehr aus - meine Unruhe, Reizbarkeit ... Ich ertrag mich selbst nicht mehr und „ich will das nicht" ...! Dazu können Schlaflosigkeit, Fehlernährung, Alkohol und Drogen sowie weitere körperliche Beschwerden die Situation zusätzlich verschärfen.

Dazu selbst gestellte Anforderungen oder (im Zusammenhang mit den inneren Werten), Übererfüllung, Perfektionismus ...

Mk 5

3 Er hauste in den Grabstätten. Nicht einmal mit einer Kette konnte man ihn bändigen. 4 Schon oft hatte man ihn mit Fußfesseln und Ketten gebunden, aber er hatte die Ketten zerrissen und die Fußfesseln durchgescheuert; niemand konnte ihn bezwingen. 5 Bei Tag und Nacht schrie er unaufhörlich in den Grabstätten und auf den Bergen und schlug sich mit Steinen.

6 Als er Jesus von Weitem sah, lief er zu ihm hin, warf sich vor ihm nieder 7 und schrie laut: Was habe ich mit dir zu tun, Jesus, Sohn des höchsten Gottes? Ich beschwöre dich bei Gott, quäle mich nicht! [...]

18 Als er [Jesus] ins Boot stieg, bat ihn der Mann, der zuvor von den Dämonen besessen war, dass er bei ihm sein dürfe. 19 Aber Jesus erlaubte es ihm nicht, sondern sagte: Geh nach Hause und berichte deiner Familie alles.

Seine Wut geht nicht nur gegen andere, wohl auch sich selbst trifft sie. Nichts kann ihn bändigen.

Sicherlich fühlt er sich nicht wohl – nicht mit anderen und noch weniger mit sich alleine.

Dann kommt das Ungeheuerliche:

Er wird – nach einem machtvollen Wort, das im Dunkeln bleibt - nach Hause geschickt. In der Familie, nirgends sonst, soll er erzählen, was mit ihm war und ist. Er braucht jetzt Menschen, auf die er zählen kann, die ihn nehmen, wie er ist – und wieder aufrichten. Er braucht ein Haus, ein Zuhause, das ihn schützt, vor sich und vor anderen und in das er sich zurückziehen kann, wenn es not tut; einen Tisch, wo er Nahrung erhält für Körper und Geist; Menschen, die ihn im rechten Moment bremsen und halten - ihm Halt geben; einen Ort, wo er alleine sein kann – ohne Einsamkeit zu befürchten mit Ruhe und Verlässlichkeit.

Da soll er hingehen, dazu soll er „Ja" sagen.

Das ist es, was er jetzt braucht.

18. Der Zusammenbruch II

Auch wenn die anfänglichen Stressoren verschwinden, bleibt der Stress - wird vielleicht sogar schlimmer, da jetzt die greifbare „Bedrohung von außen" fehlt: ein Kampf gegen Windmühlen.

Im Einzelnen bedeutet dies, dass auch im Urlaub, am Wochenende oder im Krankheitsfall der Druck nur schwer nachlässt. Da in solchen Situationen die eigentliche (äußere) Bedrohung fehlt, wendet sich jetzt der Kampf mehr und mehr nach innen.

Ijob 7:

12 Bin ich das Meer, der Meeresdrache, / dass du gegen mich eine Wache stellst?

13 Sagte ich: Mein Lager soll mich trösten, / mein Bett trage das Leid mit mir!,

14 so quältest du mich mit Träumen / und mit Gesichten jagtest du mich in Angst.

15 Erwürgt zu werden, zöge ich vor, / den Tod meinem Totengerippe.

16 Ich mag nicht mehr, ich will nicht ewig leben. / Lass ab von mir, denn nur ein Hauch sind meine Tage!

Ijob 38

1 Da antwortete der HERR dem Ijob:

2 Wer ist es, der den Ratschluss verdunkelt / mit Gerede ohne Einsicht?

3 Auf, gürte deine Lenden wie ein Mann: / Ich will dich fragen, du belehre mich!

4 Wo warst du, als ich die Erde gegründet? / Sag es denn, wenn du Bescheid weißt!

5 Wer setzte ihre Maße? Du weißt es ja. / Wer hat die Messschnur über sie gespannt?

6 Wohin sind ihre Pfeiler eingesenkt? / Oder wer hat ihren Eckstein gelegt,

Der Sprecher, im Text Ijob genannt, schreit seine Wut heraus, er kann nicht begreifen, was mit ihm ist.
Er fühlt sich verfolgt, geradezu gefesselt und hat Angst bis in seine Träume hinein.
Aber er trägt seine Situation – man könnte beinahe sagen: verbissen und trotzig – Trost lehnt er ab – auch den Trost, den der Schlaf oder das Krankenlager geben könnte.

Aber was ist es, das ihn bedroht – außer seinen Träumen, seiner Angst, seinem fehlenden Mitgefühl mit sich selbst? Er ist der Macher, der Unrecht spürt. Und in seiner Angst dreht er sich nur um sich selbst und wundert sich, dass sich nichts verändert …

Vielleicht bekäme die Situation ein anderes Gesicht, würde er einmal Schwäche zeigen – würde abrücken von der Selbstinszenierung seiner vermeintlichen Stärke und seines Todeswunsches … Und bei alledem bleibt (im Kontext) der unangenehme Geschmack einer allzu arroganten Rechtschaffenheit …

Der Text hat ein zweites Gesicht: Ijob fühlt sich ungerecht behandelt, streitet und klagt den Gott seiner Religion an (an anderer Stelle). Auch das dürfen wir!
Es gibt einen Ort, an dem wir alles und ungefiltert sagen dürfen (oder vielleicht auch aufschreiben).

Das klingt eigentlich gut: Wir dürfen ruhig auch mal wütend werden und hinschauen, was uns wütend macht.

19 Der Zusammenbruch III

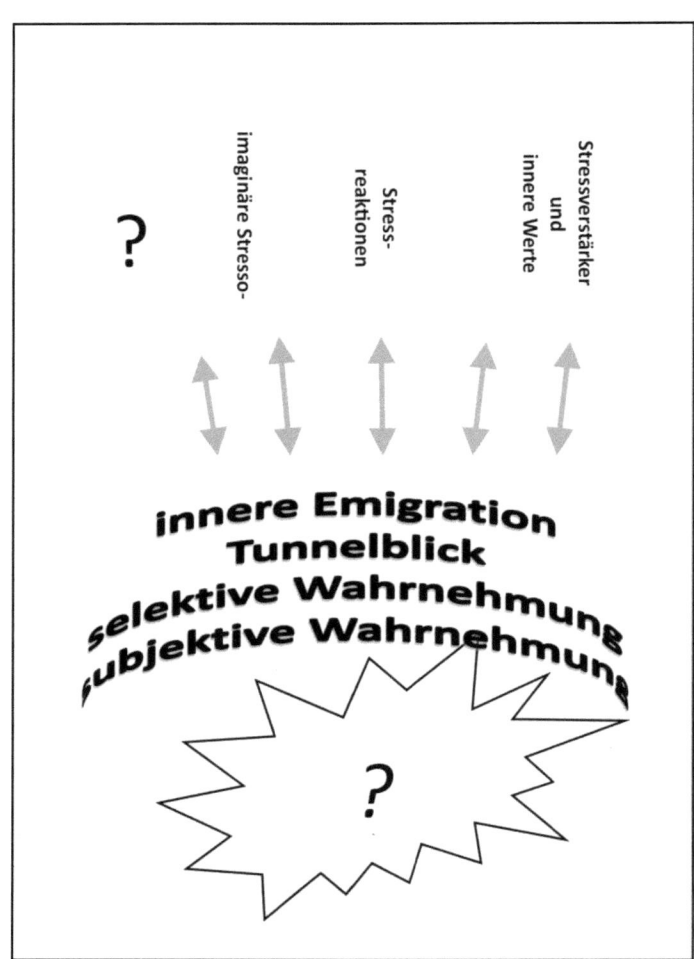

Der Mensch löst sich auf: beginnender Identitätsverlust und geistige Auflösungserscheinungen.

Das werden wir sicher selten mitbekommen, auch weil diese Menschen den Kontakt (zu uns) versuchen zu vermeiden bzw. in speziellen Einrichtungen sind oder den Kontakt nach außen bereits verloren haben.

Ab dem Zusammenbruch ist professionelle Hilfe (in irgendeiner Form) unabdingbar.

Mk 15,34 *Und in der neunten Stunde schrie Jesus mit lauter Stimme: [...]: Mein Gott, mein Gott, warum hast du mich verlassen?*

nach Jes 58,9-12

Wenn du um Hilfe schreist, wird er sagen:
Hier bin ich.
Wenn du Unterjochung aus deiner Mitte entfernst,
auf keinen mit dem Finger zeigst und niemandem übel nachredest,
dann geht im Dunkel dein Licht auf
und deine Finsternis wird hell wie der Mittag.
Du gleichst einem bewässerten Garten,
einer Quelle, deren Wasser nicht trügt.
Die Deinen bauen uralte Trümmerstätten wieder auf,
die Grundmauern vergangener Generationen stellst du wieder her.
Man nennt dich Maurer,
der Risse schließt,
der Pfade zum Bleiben wiederherstellt.

Ich fühle mich völlig verlassen und beginne mich buchstäblich aufzulösen. Meine Identität verschwimmt immer mehr.

Ich habe Angst, unsägliche Angst und schreie es hinaus – damit es jeder und jede hört.

Ich nehme keine Rücksicht mehr auf Konventionen und irgendwelche Vorstellungen von gutem Benehmen. Jetzt ist nicht die Zeit der schönen und gebügelten Worte; die haben ausgedient. Jetzt sind laute und zornige Worte angesagt. Es braucht Reden, die von Herzen kommen und zu Herzen gehen … sich jemand zu Herzen nimmt.

Denn die Not ist groß.

Ich sage (endlich), was mit mir ist, wovor ich mich fürchte (oder schreie oder brülle es – jedenfalls deutlich hörbar). Ich spreche von den Bedrohungen, die ich spüre – in mir, um mich herum, überall …

Und ich wende mich an die Verantwortlichen, an die, die mich schickten, mit der Sache beauftragten, an diejenigen, mit denen das Ganze überhaupt erst angefangen hat und zwar mit aller Heftigkeit …

Anhang

Themenbereiche, Bibelstellen-
und Stichwortverzeichnis

Zur Reihe „Mit Bibel überLeben"

In der Reihe „Mit Bibel überLeben" („Stress" ist die letzte
von bisher acht Veröffentlichungen) können neue Wege
eines meditativen Umgangs mit der Bibel und ihrer zeitlo-
sen Wahrheit entdeckt werden. Sie stellt immer wieder
die Frage: Was können diese alten Texte dem rationalen
Menschen der Gegenwart sagen und wie können sie uns
beistehen?

Die Konzentration auf einzelne bekannte oder weniger
bekannte Bibelstellen, bzw. Themenbereiche, erleichtert
es dem Leser, den Inhalt zu erschließen. Die Geschichten,
Gebete, Prosagedichte, meditativen Texte und Auslegungen entfalten eine große Breite an aktueller und erlebter
Spiritualität. Teilweise werden biblische Elemente aufge-
griffen, teilweise werden die Motive in die heutige Zeit
übertragen – aber immer ist der Mensch, als Hörer des
Wortes, mit seinem unmittelbaren Leben und Erleben der
Ausgangspunkt.

Die Texte geben Anregungen in der persönlichen Ausei-
nandersetzung mit Fragen, die das Leben aufgibt, bzw. für
die Predigt- und Gottesdienstvorbereitung; sie eignen
sich aber genauso zum Einsatz im Unterricht und in der
Erwachsenenbildung, wie auch zum "Text-teilen".

Die ersten fünf Bände erschienen zuerst ausschließlich als E-Books mit reichhaltiger Bebilderung als Angebote zur Besinnung und Meditation; etwas später wurden die Texte (ohne Bilder) in der „Textsammlung" zusammengefasst.

Die Reihe „Mit Bibel überLeben" versucht, (scheinbar) unlösbare Rätsel und Fragen zur Bibel aufzugreifen und auf Antworten zu hören, die sich in der Meditation erschließen können.

Der verlorene Sohn oder eine Geschichte von Verlust und Neubeginn

Ausgehend vom Bibeltext Lk 15,11-32 wird das Gleichnis in die Realität des 21. Jahrhunderts hineingestellt. Die Erzählung thematisiert das Scheitern der eigenen Existenz und die schmerzhafte Suche nach Heilung, ebenso wie Generationenkonflikt und Rivalität zwischen Geschwistern. Dabei wird, anders als in der biblischen Vorlage, ein besonderes Augenmerk auf die Begegnung der Brüder gelegt.

In den Texten werden die Facetten des modernen Lebens ausgebreitet, aber genauso die Innerlichkeit von Verzeihung und Neubeginn. Sie zeigen die ungebrochene Aktualität des 2000 Jahre alten Gleichnisses und bieten eine neue Leseweise an, die sich gerade in der Reflexion vor dem Hintergrund der Moderne sowie der eigenen Erfahrung niederschlägt und ermöglichen so die Chance der Selbstreflexion und der kritischen Überprüfung der eigenen Lebenspraxis.

BoD, E-Short, ca. 53 Seiten, 19 Bilder,
ISBN: 9783744897495

Mord, Totschlag und Folter in der Bibel – die dunkle Seite des Menschen

Der Brudermord Kains an Abel (Gen 4,1-16), die ordinäre Selbstinszenierung eines zutiefst gewalttätigen Menschen im Lamechlied (Gen 4,23f) und eine minutiös geschilderte Folterszene im 2. Makkabäerbuch (2.Mak 7) – die Bibel spart nicht an Darstellungen dieser dunklen und beängstigenden Seite des Menschen.

In sechs meditativen Texten versucht der Autor eine vorsichtige Annäherung an das Phänomen der Gewalt. Dabei sieht er den heutigen Menschen als Adressaten der Bibelworte und stellt die Frage, wieviel von Kain, Lamech oder den Folterknechten in uns steckt, wie wir damit umgehen und was die Texte uns zu sagen haben. Er nimmt neben der individuellen Verantwortung auch gesellschaftliche Ursachen in den Blick.

Andreas Sperling-Pieler versucht, Platz für Fragen im inneren Chaos zu schaffen, welches die Wahrnehmung von Gewalt in uns hinterlässt. Für ihn ist es gerade der Blick auf menschliche Erfahrungen wie Verzweiflung und den fehlenden Halt, die den Weg zu mehr Klarheit öffnen können.

BoD, E-Short, ca. 43 Seiten, 10 Bilder,
ISBN: 9783744897631

Der **Adventskalender für Erwachsene** wendet sich ausdrücklich auch an Menschen, die der Kirche und dem Glauben kritisch, ablehnend oder indifferent gegenüber stehen. Er bietet gerade auch in der besinnlichen Adventszeit Gelegenheit zur Selbstreflexion und zu einem Blick auf die eigene Lebenspraxis.

In 31 Episoden wird für jeden Tag im Dezember in einer freien Neuerzählung die gesamte Weihnachtsgeschichte abgebildet. Jede der einzelnen Stationen ist mit Impulsen zur individuellen Weiterarbeit ergänzt; im E-Book laden Abbildungen zu Ruhe und Meditation ein.

Andreas Sperling-Pieler setzt biblische und historische Fakten in einen neuen Rahmen und fragt nach der Relevanz für den heutigen Menschen in seinem gesellschaftlichen und individuellen Sein, gerade auch unabhängig von traditionellen religiösen Zusammenhängen. Die kurzen meditativen Impulse sind ein Angebot zur individuellen Reflexion über Facetten unseres Lebens und unseres Mensch-Seins.

BoD, E-Short, ca. 51 Seiten, 31 Bilder,
ISBN: 9783744899864

Mysterien der Bibel: Verklärung, Kreuzigung und Auferstehung

„Das war wirklich ein gerechter Mensch", so hören wir in Lk 23,47 den römischen Hauptmann am Kreuze Jesu.
Welchen Sinn machen diese Worte der Heiligen Schrift von jemandem, der nicht nur politisch, sondern wohl auch religiös auf einer völlig anderen Seite stand? Was kann uns diese Episode mit dem krassen Außenseiter im frühchristlichen Umfeld sagen? Und was hat das mit Schuld zu tun? Gibt es da auch für uns Heutige, die wir oft genug den religiösen Mysterien doch eher kritisch gegenüberstehen, etwas zu lernen?
Die Kreuzigung wird aus der Sicht des römischen Hauptmanns neu erzählt. Der Focus wird dabei auf die Frage der Schuld gelegt.

Daneben werden auch die Transzendenz der Verklärung in der Markus-Apokalypse (Mk 9,2-10) und die nachösterliche Auferstehungserfahrung betrachtet.
Andreas Sperling-Pieler wählt dazu unterschiedliche Perspektiven und Stilmittel. Er will mit seinen Texten den Blick für Antworten öffnen, die uns in der Spiritualität gegeben werden können.

BoD, E-Short, ca. 51 Seiten, 17 Bilder,
ISBN: 9783746064895

Über Lähmung und Erstarrung – von Flucht und Rettung thematisiert existentielle Krisenerfahrungen aus völlig unterschiedlichen Blickwinkeln. In 12 Texten betrachtet Andreas Sperling-Pieler Verwerfungen, die uns, sowohl im Kleinen als auch im Großen, ereilen können.

Die Texte, Geschichten, Auslegungen und Gebete thematisieren Gegebenheiten, die uns alle mehr oder weniger stark betreffen: Es geht um Menschen, die gegen sich selbst kämpfen und an sich, bzw. an der Situation, in die sie sich gestellt sehen, verzweifeln und um Wege ringen. Dabei lässt der Autor einzelne Bibelstellen immer wieder durchscheinen und bietet mögliche Deutungen, auch – oder gerade – für uns heute, behutsam an.

„Über Lähmung und Erstarrung – von Flucht und Rettung" ist geschrieben für alle Menschen in Krisen und für deren Umfeld (das oftmals genauso leidet). Es kann Chancen für einen neuen Blick auf Lebensvollzüge bieten und überraschende Perspektiven aufzeigen.

BoD, E-Short, ca. 100 Seiten, 53 Bilder,
ISBN: 9783752812138

Wie kommt das Kamel durch's Nadelöhr

Es gibt sie, die deutlichen Worte, klaren Aussagen und wachrüttelnden Botschaften in der Bibel. Sie ist beileibe kein Märchenbuch mit frommen Geschichten, sondern fordert eindeutiges Handeln von und bietet uns in kritischen Situationen durchaus Hilfen uns, auch zur Reflexion.

In den 13 Bibelstellen des Buches, ausgewählt aus dem Alten und Neuen Testament, werden wir mit Machtmissbrauch in vielerlei Hinsicht konfrontiert. Die Texte, die daraus entstehen haben dabei immer den Unterdrückten, Rechtlosen und Unterprivilegierten sowie den Menschen in seiner inneren Zerrissenheit im Blick. Allerdings schrecken uns die biblischen Maximalforderungen oft ab und die zum Teil radikalen Positionen erscheinen lebensfremd und unrealistisch.

In verschiedenen Ansätzen, auf ganz unterschiedliche Weise, bietet der Autor neue Sichtweisen und neue Blickwinkel an und möchte so einen Beitrag zur Neuentdeckung der Heiligen Schrift leisten.

BoD, Paperback und E-Book, 188 Seiten, mit Stichwortverzeichnis
ISBN: 9783750426856

Textsammlung

In der Textsammlung sind die Texte der ersten fünf E-Shorts in gedruckter Form (ohne Bilder) zusammen gefasst.

Sie eignet sich gerade für Erwachsenenbildung, Schule oder Jugendarbeit als reichhaltiger Fundus an Texten und Themen. Dies trifft genauso auf die Gemeindearbeit, sowie die Vorbereitung für Katechese und Predigt zu.

BoD, Paperback, 248 Seiten,
ISBN-print: 9783752805857
ISBN-E-Book: 9783752871104

Bibelstellenverzeichnis der Gesamtreihe

Bei den Bibelstellen ist i. d. R. der erste Vers bzw. (seltener) die zentrale Aussage verzeichnet. Ebenso wie die Stichwörter verweisen sie jeweils auf ein Buch aus der Reihe „Mit Bibel überLeben" (erste Zahl) und auf die jeweils erste Seite des Textes oder des Kapitels (zweite Zahl). Die Texte der ersten fünf E-Books sind in der „Textsammlung" zusammengefasst; darauf beziehen sich auch die Seitenzahlen.

1   Der verlorene Sohn oder eine Geschichte von Verlust und Neubeginn
2   Mord, Totschlag und Folter in der Bibel – die dunkle Seite des Menschen
3   Ein Adventskalender für Erwachsene
4   Mysterien der Bibel: Verklärung, Kreuzigung und Auferstehung
5   Über Lähmung und Erstarrung – von Flucht und Vertreibung
6   Wie kommt das Kamel durchs Nadelöhr
7   Stress

Um das Auffinden der Bibelstellen zu erleichtern, wurde es alphabetisch geordnet.
Das Bibelstellenverzeichnis enthält neben direkten Bezügen und Parallelstellen auch indirekte Verweise. Es ist – wie auch das Stichwortverzeichnis - nur eine Auswahl und erhebt keinen Anspruch auf Vollständigkeit.

1.Chr 9,22	6,125	Ex 13,18	6,135	Ijob 1,5	7,78
1.Gen 17,1	7,72	Ez 16,36	6,47	Ijob 1,9	7,78
1.Joh 2,15	6,57	Ez 18,9	6,141	Ijob 27,8	6,105
1.Kön 2,4	6,85	Ez 23,22	6,47	Ijob 31,9	6,27
1.Kor 15,5	4,239	Ez 27,22	6,125	Ijob 32,24	6,137
1.Petr 5,7	6,117	Ez 27,27	6,109	Ijob 38,1	7,114
1.Sam 22,2	5,62	Ez 27,27	6,137	Ijob 38,41	7,84
1.Thess 1,3	5,48	Ez 3,5	5,73	Ijob 7,12	6,129
1.Tim 6,10	6,137	Ez 33,31	6,47	Ijob 7,12	6,137
2.Chr 1,7	5,67	Ez 34,1	6,35	Ijob 7,12	7,114
2.Chr 8,18	6,125	Ez 34,2	6,47	Ijob 7,6	6,109
2.Kön 4,1	5,62	Ez 38,13	6,125	Jak 2,5	6,23
2.Kön 4,1	7,96	Gal 4,4	3,178	Jak 5,5	6,11
2.Kor 11,13	6,17	Gal 6,12	6,57	Jak 5,7	6,111
2.Kor 12,14	6,35	Gen 1,28	7,12	Jer 10,21	6,35
2.Makk 7	2,157	Gen 11,1	5,84	Jer 12,19	6,41
2.Petr 1,16	6,111	Gen 17,1	6,85	Jer 12,9	6,47
2.Petr 2,1	6,17	Gen 17,1	6,93	Jer 13,27	6,27
2.Petr 2,6	5,26	Gen 17,1	5,36	Jer 14,12	6,11
2.Sam 11,4	6,27	Gen 19,17	5,26	Jer 15,10	6,51
2.Sam 14,6	6,63	Gen 19,25	5,26	Jer 2,8	6,35
2.Tim 3,2	6,129	Gen 26,2	5,36	Jer 20,9	5,73
Am 3,8	5,73	Gen 37,13	6,63	Jer 23,1	6,47
Am 5,21	6,11	Gen 37,26	1,104	Jer 3,12	2,140
Am 6,1	6,11	Gen 4,1	6,63	Jer 32,17	6,85
Am 8,10	6,11	Gen 4,1	2,140	Jer 5,31	6,17
Apg 10,40	4,239	Gen 4,15	2,150	Jer 5,8	6,27
Apg 14,3	4,239	Gen 4,23	2,150	Jer 51,53	5,84
Apg 14,9	5,48	Gen 45,15	1,104	Jer 6,20	6,11
Apg 2,45	6,119	Gen 6,9	6,85	Jer 7,11	6,41
Apg 23,1	6,85	Gen31,29	6,17	Jer 9,10	6,47
Dan 12,13	6,141	Hab 2,4	6,141	Jer 9,23	6,137
Dan 4,35	6,85	Hab 2,5	6,105	Jes 1,11	6,11
Dan 5,21	6,23	Heb 4,3	6,141	Jes 23,8	6,125
Dan 7,9	4,220	Heb 5,7	7,120	Jes 28,12	6,141
Dan 8,13	6,47	Hebr 11,4	6,63	Jes 32,7	6,17
Dtn 2,1	6,135	Hebr 13,4	6,27	Jes 35,5	5,36
Dtn 22,1	1,104	Hebr 13,5	5,91	Jes 35,6	5,33
Dtn 28,32	6,17	Hos 14,5	6,117	Jes 38,3	6,85
Dtn 29,23	5,26	Hos 2,11	6,11	Jes 42,16	5,91
Eph 2,8	5,48	Hos 5,6	6,11	Jes 56,9	6,41
Eph 5,8	5,91	Hos 7,2	5,73	Jes 58,9	7,120
Est 5,11	6,137	Hos 8,13	6,11	Jes 63,18	6,47

Jes 66,3	6,11	Lk 10,25	6,115	Lk 9,29	4,220
Jes 8,9	6,135	Lk 11,14	5,33	Lk 9,46	6,93
Jes 9,15	6,17	Lk 11,51	6,63	Lk 9,46	7,66
Jes55,1	6,23	Lk 12,19	6,137	Lk 9,57	6,57
Joh 1,35	7,18	Lk 12,20	6,105	Lk,23,33	4,229
Joh 10,8	6,35	Lk 12,22	6,117	Mal 1,8	2,140
Joh 19,23	4,229	Lk 12,24	6,117	Mal 4,2	5,62
Joh 2,14	6,41	Lk 12,24	7,84	Mi 2,1	6,17
Joh 20,20	4,239	Lk 12,27	6,117	Mi 7,6	6,51
Joh 20,25	4,239	Lk 12,33	6,119	Mk 10, 46	7,36
Joh 5,14	5,48	Lk 12,33	6,131	Mk 10,13	6,115
Joh 5,6	5,70	Lk 12,49	6,51	Mk 10,17	6,115
Joh 7,10	6,51	Lk 12,51	6,51	Mk 10,21	6,57
Joh 8,3	6,27	Lk 12,53	6,51	Mk 10,21	6,131
Jona 1	5,73	Lk 15,11	1,104	Mk 10,25	6,101
Jona 2	5,73	Lk 17,31	5,26	Mk 10,36	5,67
Joh 21,7	4,239	Lk 18,13	6,57	Mk 10,42	6,93
Jud 1,11	6,63	Lk 18,16	6,115	Mk 10,46	5,67
Jud 1,12	6,35	Lk 18,18	6,115	Mk 11,15	6,41
Klgl 1,10	6,47	Lk 18,22	6,119	Mk 13,13	6,23
Klgl 4,6	5,26	Lk 18,22	6,131	Mk 13,18	6,135
Koh 4,8	6,105	Lk 18,23	6,57	Mk 13,9	6,23
Koh 1,14	7,48	Lk 18,25	6,101	Mk 15,34	7,120
Koh 1,17	7,48	Lk 18,41	5,70	Mk 16,11	4,239
Koh 2,11	7,48	Lk 19,45	6,41	Mk 16,14	4,239
Koh 2,13	7,102	Lk 2,1	3,178	Mk 2,1	5,48
Koh 2,24	7,60	Lk 20,9	6,47	Mk 5,19	7,108
Koh 2,3	7,60	Lk 21,18	6,111	Mk 5,21	5,36
Koh 3,1	7,30	Lk 22,24	6,93	Mk 5,3	7,108
Koh 4,4	7,48	Lk 22,24	7,66	Mk 5,7	7,108
Koh 4,6	6,129	Lk 23,44	7,120	Mk 8,34	6,131
Koh 5,19	6,137	Lk 24,14	7,90	Mk 9,2	4,220
Koh 6,2	6,137	Lk 24,30	7,90	Mk 9,33	6,93
Koh 7,20	7,24	Lk 24,34	4,239	Mk 9,33	7,66
Koh 7,23	7,24	Lk 3,5	5,91	Mt 1, 18	3,178
Koh 8,6	7,30	Lk 5,19	5,48	Mt 10,21	6,51
Kol 3,13	5,48	Lk 6,20	6,23	Mt 10,34	6,51
Lev 19,18	2,150	Lk 6,24	6,11	Mt 10,37	6,131
Lev 20,10	6,27	Lk 6,29	6,123	Mt 12,22	5,33
Lev 25,39	5,62	Lk 6,42	1,104	Mt 13,12	6,51
Lev 26,31	6,11	Lk 8,15	6,111	Mt 13,12	5,33
Lk 1,31	3,178	Lk 8,40	5,36	Mt 13,16	6,23
Lk 1,79	5,91	Lk 9,23	6,131	Mt 16,24	6,131

Mt 18,1	7,66	Mt 9,1	5,36	Röm 16,18	6,35
Mt 18,15	1,104	Mt 9,2	7,36	Röm 6,12	2,140
Mt 18,25	5,62	Mt 9,32	5,33	Röm 8,24	6,111
Mt 18,3	6,115	Neh 9,9	6,135	Sach 11,5	6,125
Mt 18,4	6,93	Num 33,11	6,135	Sach 14,1	6,135
Mt 19,13	6,115	Offb 17,16	6,47	Sach 3,7	6,141
Mt 19,16	6,115	Offb 18,11	6,125	Sach 7,14	6,47
Mt 19,21	6,119	Offb 18,15	6,125	Sach 9,9	3,178
Mt 19,21	6,131	Offb 3,17	6,23	Spr 11,4	6,109
Mt 19,22	6,57	Offb 7,60	4,229	Spr 13,12	7,42
Mt 19,24	6,101	Phil 4,6	5,67	Spr 15,13	7,42
Mt 19,28	6,141	Phlm 2,3	6,93	Spr 15,8	6,11
Mt 20,21	6,93	Phlm 3,19	6,17	Spr 16,24	7,42
Mt 21,12	6,41	Phlm 4,6	6,117	Spr 16,7	6,129
Mt 23,27	6,57	Ps 103,15	6,109	Spr 16,8	6,129
Mt 23,35	6,63	Ps 104,14	7,12	Spr 16,9	6,129
Mt 24,10	6,51	Ps 104,15	7,60	Spr 17,22	7,42
Mt 25,34	6,141	Ps 115,3	6,123	Spr 18,14	7,42
Mt 27,46	7,120	Ps 116,9	6,85	Spr 21,1	6,137
Mt 28,3	4,220	Ps 119,14	6,129	Spr 21,27	6,11
Mt 4,24	5,48	Ps 123,4	6,11	Spr 21,6	6,129
Mt 4,6	7,54	Ps 136,13	6,135	Spr 28,9	6,11
Mt 5,1	6,23	Ps 22,1	7,120	Spr 6,13	7,120
Mt 5,27	6,27	Ps 36,4	6,17	Spr 6,14	6,17
Mt 5,39	6,123	Ps 49,5	6,137	Spr 6,32	6,27
Mt 6,19	6,119	Ps 66,5	6,135	Spr 8,18	6,137
Mt 6,26	6,117	Ri 11,16	6,135	Tit 2,14	4,229
Mt 6,26	7,84	Ri 13,3	3,178	Zef 1,11	6,125
Mt 6,28	6,117	Röm 11,18	6,129	Zef 1,12	6,11
Mt 8,19	6,57	Röm 12,10	6,93	Zef 2,13	5,73

Stichwortverzeichnis der Gesamtreihe

Bei den Stichwörtern wurde jeweils die erste Seite der Fundstelle (des Textes oder des Kapitels) angegeben. Wie bei den Bibelstellen bezieht sich die erste Zahl auf das Buch der Reihe (vgl. S. 133), die zweite Zahl auf den Fundort.

angleichen	2,146
Angriff	7,9
Angst	6,85/2,142/1,126/1,122/1,104/5,94/5,73/5,67/5,62
	5,26/6,93/4,239/7,51/7,81/7,105/7,111/7,117
Anklage	6,27
Ankunft	1,118
Annahme	6,93
anpacken	1,104/3,205
Anreiz	7,51
Ansehen	3,210/7,33
Anspannung	4,229
Ansprüche	7,63/7,69/7,75
Antriebe	7,51
Apokalypse	4,220
Arbeit	3,188/6,137
Armut	6,23
Arzt	1,104
Attraktivität	7,27
Aufbruch	3,184/3,185/3,191
Auferstehung	4,239
Aufgabe	6,63/6,111/3,188/5,94/7,9
Auflösungserscheinung	7,117
Aufmerksamkeit	4,229/7,39/7,93
Aufrichtigkeit	6,57
Auftrag	5,73/7,9
Augen verschließen	5,91
Augenblick	7,63
Ausdauer	5,36
Auseinandersetzung	2,142
Ausgrenzung	6,11
Aushalten	6,57
Auslöser	7,33
Ausreden	6,57
Außenstehende	7,99
äußere Faktoren	7,21
Äußerlichkeit	6,125
Aussichtslosigkeit	7,93
Aussöhnung	2,146
Ausweglosigkeit	3,204
Authentizität	6,85/6,105/7,69
Babel	5,84
Babylon	5,84
Banken	6,41

Bewertung	7,75/7,33/7,27/7,27
Beziehung	7,27
Bleibe	7,13
blind	5,91/5,67
Blindheit	5,67
Botschaft	6,47
Brot	1,117
Bruder	1,104/1,122/2,142/1,126/1,129
Brudermord	6,63
Bruderzwist	6,63
Burnout	6,119/1,104/7,105/7,111/7,117
Chance	5,26/5,32
chancenlos	5,26
Chaos	6,17/5,26/1,104
cholerisch	2,151
Defizite	7,87
Demonstrationen	6,41
Denkmuster	7,87
Devotionalien	6,41
Diskriminierung	2,154
Dreikönige	3,178
Dritte Welt	6,11/6,109
Drogen	7,57
Druck	7,57/7,63/7,75
Duldsamkeit	6,57
dunkel	5,91
durchhalten	7,13
Durchhaltevermögen	7,63
Egoismus	6,137/6,129/6,119
Ehebruch	6,27/3,195
Ehrfurcht	6,41
Ehrgeiz	6,93/5,84/7,51
Ehrlichkeit	3,208/6,57
Eifersucht	6,27
eigene Werte	7,21
Eigeninitiative	7,33
Eigenleben	7,99
Eigennutz	5,36
Eigentum	6,17
Einfachheit	3,203/3,205
Einfluss	7,75/7,27
einlassen	6,135/6,141
einmauern	5,67

Einsamkeit   6,85/5,84/1,104/7,105
Einschränkung   7,87/7,63
einsetzen   3,187
Einsicht   2,166/4,229
Einstellung   7,33
Elite   3,200
Emigration   7,99
empfangen   6,63
Energie   7,39/7,81
Entbehrung   6,135/3,203
Entehrung   2,162
Entrückung   4,220
entscheiden   3,190
Entscheidung   3,189/3,193/3,194
Entspannung   7,57
Entwicklung   7,9/7,81
Entwicklungshilfe   6,109
Entwürdigung   2,157
Entzweiung   6,51
Erbe   1,104
Erfahrung   4,239/7,21
Erfolg   6,93/5,73/1,104/4,229/7,87
erfolgreich   6,93
Erfolgserwartung   7,81
Erfordernisse   7,81
erfüllen   6,111
ergänzen   2,146
Erinnerung   6,119/1,122
erkennen   4,239/1,118
Erkenntnis   4,239
Erniedrigung   5,26
ernst nehmen   5,48
Ersatzhandlung   7,57
Erstarrung   5,26/5,32
erstreben   5,84
Erwartung   3,195/3,197/4,229/7,87
fallenlassen   6,141
Familie   7,105/7,27
Fehleinschätzung   7,99
Fehler   6,17/6,85/6,93/5,36/5,73/5,84/1,104/7,21
Fehlverhalten   6,17
Feigheit   4,239
festhalten   6,119/1,104

141

Finsternis	7,99/5,91/6,85
Flucht	6,11/6,135/5,26/5,73/3,211/7,9/7,57/7,69/7,105
Folter	2,166/2,162/2,157/5,26
Folterknechte	2,166
Forderung	7,33
Fortschritt	5,36/1,129
Fragen	3,194/5,67/5,91/2,162
Freiheit	7,63
Freude	1,104/1,117/3,196/3,206
Freunde	3,211
Freundschaft	7,39
Frieden	6,23/6,51
Frustration	5,48
Fügung	5,91/5,94
Funktion	7,39
Furcht	5,62
Fürsorge	6,35/6,125
Gebet	1,117/5,67/5,94/6,41
Geburt	3,178/3,202/3,206
Gedanken	7,39
Gedankenkarussell	5,70
Geduld	6,111
Gefahr	5,73
Gefängnis	5,70
Gefühle	7,39
Gegensatz	2,142
Gegensätzlichkeit	2,146
Gegenwind	5,73
Geist	4,239
gelähmt	5,36/5,48
Geld	3,196
Geldgeschäfte	6,41
Generationen	1,118
Generationenkonflikt	1,122/1,126/1,129
Genügsamkeit	7,51
Genuss	6,11
Gerechtigkeit	6,11/6,23/5,73/2,166
Geruhsamkeit	6,51
Geschäfte	6,41
Geschenk	5,48/3,207/3,208
Geschwister	2,142
Gesellschaft	6,17
Gestern	5,32

143

144

145

Regulation	7,33
Reichtum	6,17/6,101/6,109/6,119/6,125/6,129/6,137/1,104
Reise	3,196/3,198
Reizbarkeit	7,105/7,9
Ressourcen	7,75/7,93
Rettung	5,73/5,62
Rhythmus	5,84
richtig	5,73/7,21
Richtung	3,188
Risiko	6,131/5,36/5,62/7,33/7,63
Rivalität	2,142
Routine	5,70/4,229
Rücksicht	7,69/6,51
Rückzug	7,99
rufen	5,70
Ruhe	2,151/7,27/7,105
Ruhelosigkeit	5,94/5,70/6,63
Salzsäule	5,26
Sanftheit	2,146
Schafstörung	7,9
Schatten	6,85/5,91
Schätzung	3,196
Scheuklappen	5,91
Schlaf	7,111
Schlafstörung	7,105
Schranken	3,212
Schuld	5,36/5,48/5,62/5,73/1,129/4,229
Schuldlosigkeit	2,157
Schuldzuweisung	5,70/1,129/3,204
Schule	2,166/2,142/2,162/2,154/2,151/2,146/6,143
Schutz	6,85/5,73/7,105
Schwäche	7,87/7,111
Schwangerschaft	3,193
Schweinehirt	1,104
Schwert	6,51
Schwierigkeit	1,104/5,73/5,94
sehen	5,91
Sehnsucht	6,63/5,33/5,48/1,104/1,117/1,122/1,129
Sehnsüchte	5,33
Selbstachtung	1,104
Selbständigkeit	5,36
Selbstaufgabe	6,85
Selbstbestätigung	2,142/7,57

Umgang	7,21
Umkehr	5,73
Unabhängigkeit	7,13
Unbarmherzigkeit	2,157
Unbekanntes	4,220
unbequem	6,51
unerwartetes	7,27
Unfähigkeit	5,33
Unfrieden	6,17
ungewiss	3,185
Ungewissheit	3,196/3,185/6,131/3,198
Ungleichheit	6,11
Unglück	6,17
Unheil	6,17
unlösbar	5,94
unmittelbar	7,81
Unmögliches	6,123
unnütze	5,36
Unrecht	6,27/7,111
unrichtig	7,45/7,21
Unruhe	7,33
Unselbständigkeit	5,36/5,48
Unsicherheit	3,211
Unterdrückung	2,154
Unterentwicklung	6,11
Unterricht	6,143/2,162/2,154/2,151/2,146/2,142/2,166
Unterstützer	2,166
Unterwerfung	7,9
Unvermeidbarkeit	3,197
Unversehrtheit	7,51
Unvollkommenheit	5,36/7,33
unvollständig	5,36
Unwägbarkeit	3,185
Unwirklichkeit	4,220
Unzufriedenheit	6,63
Unzulänglichkeit	5,36
Urlaub	7,111
Ursache	7,87
Urteil	6,101
Vater	6,93/1,104/1,118/1,129
Vatikan	6,47
Verallgemeinerung	7,81/7,87
Veränderung	7,39/7,99/4,220/3,201/3,184/5,32/6,51

Verantwortung	6,17/3,200/2,166/5,73/5,36/6,137/7,9/7,87
Verbitterung	5,48
Verfasstheit	7,27
Vergangenheit	5,26/5,94
Vergebung	4,229/1,129/1,126/1,122/1,118/5,48/4,229
Vergeltung	2,151
Vergewaltigung	2,162
Verhalten	7,39
Verklärung	4,220
Verlagerung	7,45/7,63
Verlangen	5,70/5,67
verlassen	3,194
Verlassenheit	7,117
Verlässlichkeit	7,105
Verletzung	1,104
Verleugnung	6,63
Verleumdung	6,23
Verlockung	7,51
verloren	1,104/6,109/6,85
Verlust	2,142/1,104/6,85/6,63
Vermögen	1,104
Vermutung	7,81
Vernachlässigung	6,35
Verschiebung	7,99
verschlingen	5,73
Verschwörung	7,81
Verspätung	3,208
verstecken	4,239
Versuch	5,36
Verteilung	6,109
Vertrauen	6,85/6,131/6,135/5,36/5,62/1,104
Vertuschung	6,35
Verurteilung	4,229/4,239
Verweigerung	5,73
Verwirrung	5,84/7,33
Verzeihung	1,129/1,122/1,126/1,118
verzerrt	7,99
Verzerrung	7,69/7,87
Verzweiflung	7,93/2,162/5,73
Video	2,162
Vögel	6,117
Völlerei	1,104
Vorbereitung	6,131/2,142/2,146/2,151

Weitere Veröffentlichungen

Ruheelemente im Unterricht ist im Zusammenhang einer Lehrerfortbildung im beruflichen Schulwesen (Gewerbeschule) entstanden. Der Aufsatz bietet neben methodischen Ansatzpunkten auch Hilfen zur praktischen Einführung des „Stillen Impulses" als wiederkehrendes Unterrichtselement.

Der Autor hat neben dem Religionsunterricht durchaus auch andere Unterrichtsfächer bis hin zur Überprüfung des eigenen Lehrerhandelns im Blick. Er bietet diverse Meditationsmethoden, z.T. für die individuelle Weiterarbeit für Schüler und Schülerinnen aufbereitet. Ergänzt wird die Arbeit durch Ergebnisse aus verschiedenen Schülerbefragungen.

BoD, E-Short, ca 49 Seiten
ISBN: 9783743161962

Materialdienst Rätsel

Ziel der Handreichung ist es, Kolleginnen und Kollegen mit Rätseln im schulischen Alltag zu unterstützen und konkretes Arbeitsmaterial an die Hand zu geben. Die kopierfertigen Arbeitsblätter – vorzugsweise gedacht für die beruflichen Schulen, sowie die oberen Klassen von Haupt- und Sonderschulen – orientieren sich überwiegend am Bildungsplan für Berufliche Schulen und können sowohl im konkreten Fachunterricht, d.h. im Religionsunterricht, als auch in (unvorhersehbaren) Vertretungsstunden problemlos eingesetzt werden.

Paperback (Din A 4): 117 Seiten, illustriert, mit Material-CD; erhältlich bei IRP Freiburg, Habsburgerstraße 107, 79104 Freiburg

Briefe an die Enkel

Das Buch führt durch 60 Jahre erlebte Zeitgeschichte.
In den Briefen an seine Enkel legt der Autor den Fokus
weniger auf das individuelle Leben, sondern nimmt vielmehr die gesellschaftlichen und politischen Geschehnisse
und das Lebensgefühl der Zeit, in den Blick. Auf diese
Weise schlägt er immer wieder den Bogen über die Vergangenheit bis in die Gegenwart und stellt so das Erlebte
in einen größeren Rahmen. Die Sichtweise ist subjektiv
und persönlich und macht aus geschichtlichen Fakten
konkret erlebte und erlebbare Geschichte.
Neben Umweltschutz und Atomenergie werden auch die
Studentenunruhen, die RAF, das Bildungssystem, der
Kalte Krieg, Missstände in der Kirche und vieles andere
mehr bis in die heutige Zeit thematisiert.

BoD, Paperback, 320 Seiten,
ISBN: 978-3-7519-7231-4

Zum Autor

Andreas Sperling-Pieler war von 1982 bis 2020 als Religionslehrer an einer Gewerbeschule am Hochrhein beschäftigt.

In seiner Arbeit legte er einen besonderen Fokus auf den Zugang der jungen Erwachsenen zu einer erlebten Innerlichkeit und Spiritualität. Hier versuchte er mit neuen Wegen, seine Schüler zu erreichen und durch vielfältige meditative Methoden Handlungsperspektiven in einer immer unübersichtlicheren Welt zu vermitteln. In den letzten Jahren nutzte er dazu – und auch zur eigenen Reflexion – selbst verfasste Texte, in denen er unter dem Blickwinkel der Bibel Dimensionen des Mensch-seins beleuchtet.

Andreas Sperling-Pieler hat neben dem Studium der Religionspädagogik (FH 1982) Soziale Verhaltenswissenschaften, Politik- und Erziehungswissenschaft (B.A. 2005) studiert, sowie eine Ausbildung zum Meditationsleiter (1997) gemacht. Zwischen 2003 und 2010 beendete er zwei mehrjährige Weiterbildungen zu Beratung und Begleitung.

Er lebt heute mit seiner Frau am Hochrhein, hat zwei erwachsene Kinder und vier Enkelkinder.